执行 员工版 ■

余世维◎著

■

北京联合出版公司
Beijing United Publishing Co.,Ltd.

图书在版编目（CIP）数据

执行：员工版 / 余世维著 . —北京：北京联合出版公司，2023.5

ISBN 978-7-5596-6816-5

Ⅰ . ①执… Ⅱ . ①余… Ⅲ . ①企业管理—通俗读物 Ⅳ . ① F272-49

中国国家版本馆 CIP 数据核字（2023）第 070195 号

北京市版权局著作权合同登记 图字：01-2022-5716 号

执行：员工版

作　　者：余世维
出 品 人：赵红仕
选题策划：北京时代光华图书有限公司
责任编辑：夏应鹏
特约编辑：李森森
封面设计：新艺书文化

北京联合出版公司出版
（北京市西城区德外大街 83 号楼 9 层　　100088）
北京时代光华图书有限公司发行
文畅阁印刷有限公司印刷　　新华书店经销
字数 150 千字　　787 毫米 × 1092 毫米　　1/16　　14.5 印张
2023 年 5 月第 1 版　　2023 年 5 月第 1 次印刷
ISBN 978-7-5596-6816-5
定价：49.80 元

目录

第一章　执行力决定企业生死存亡

> 提高执行力，就是要树立一种严谨再严谨、细致再细致的工作作风，改变心浮气躁、浅尝辄止的毛病，以精益求精的精神，不折不扣地执行好各项重大战略决策，把小事做细，把细节做精。

第二章 打造高效执行的员工

> 　　一个有竞争力、有执行力的员工，在从事一项工作的时候，要一边做一边思考，问自己这样做是最好的方法吗？有没有更好的方法？别人是不是做得更好？做得更好的人是怎么做的？只有通过不断思考、改进、吸收借鉴、果敢行动，才能让自己不断前进，进而推动企业走向成功。

第三章 工作态度决定执行力

工作态度不同，决定了结果的不同。执行力并不是工具，而是工作态度。工作态度好的人，执行力就强；工作态度差的人，执行力肯定无法令人满意。

第四章　执行就是将目标逐个落实

执行是将目标进行分解、逐个落实的过程，没有好的执行，再完美的目标也是空中楼阁。任何目标都不会自动实现。我们经常提出一些远大的目标，但因为没有分解，没有细化到每一天、每一件事情或者每一个过程，这个目标总是显得模糊不清。

第五章 沟通让执行更有效

在企业内，沟通的障碍无处不在，只有扫除这些障碍，推倒阻隔部门沟通的壁垒，才能使员工在工作执行中顺畅自如，提高执行效率。执行力强的员工有主动沟通的习惯，这样可以加强部门间的合作，加快项目进度。

第六章　加强职业化，提速执行力

> 人性的弱点决定了这样的结果：上司不要求，员工就不会有想法。无论普通员工还是各层级管理者，都要不断改善自己的工作流程，提升自己的能力，这样才能脱颖而出。

第七章　形成团队执行合力

每个人都想待在一个大公司里，但你是否在公司的发展建设中贡献了自己的力量？只有你时刻把"这是我们的公司"放在心里，你所做的一切才有方向感和使命感，你的执行力才会发挥出最大的效力。

我问过很多朋友，我讲了这么多课，让他们印象比较深刻的是哪个课程，他们大多数认为是"赢在执行"；很多人听过我的课，最喜欢而且最常提起的也是"赢在执行"。

这说明什么？说明执行力无处不在；说明很多企业的执行力不佳，员工的执行力亟待提升，管理者已经意识到执行力欠缺带给组织的严重后果。

执行力来自英文 execution，中国人通常强调的是贯彻、贯彻力度，其实这些词意思是完全一样的。

就执行而言，"决战在基层，决胜在中层，战略在高层"。换言之，在一个组织中，做什么事情是战略，怎么做事情是执行。在某种程度上，战略当然比执行更重要，但在更大程度上，执行比制定战略更困难。这也许是"赢在执行"这门课在上至企业老总下至一线员工中引起共鸣的原因。

《赢在执行》自出版以来，在企业和广大读者中引起了强烈反响，每年都有很多企业将这本书作为培训教材。他们也给我们提出了一些反馈意见。我综合这些意见和建议，并补充了近年来的一些新的管理理念、方法、案例，对书籍内容进行升级，目的是提供更多更实用的技巧和方案，进一步提升企业、员工的执行力；同时更改了书名，使其更具针对性。

本书通过讲故事的方式，使案例更加丰富生动，便于读者理解和记忆，同时有利于执行。

管理者送给员工一些思想方法，帮助员工提高执行力，这对于员工而言，是让他们受益一生的礼物。"授人以鱼，不如授人以渔"，衷心希望本书能给读者带来有益的启示。

执行力，归根到底就是一点——落实，落实出来！执行不但要有观念，还要有方法。我不敢说我的每句话对你都有帮助，但只要你能从我的书中读到一两句受启发的话语，并愿意把它操作一下，那么我写这本书就没有白费心血，这也是我莫大的荣幸。

余世维

企业需要会执行的员工

软银集团董事长孙正义有一个观点。一流的创意＋三流的执行，一流的执行＋三流的创意，哪个好？孙正义选择后者。

作为杰出的企业家，孙正义道出一个必然的社会规律——组织真正需要的是会执行的员工。

执行的要求很简单——诚信、负责、量化细节，这样可以确保执行方向不走偏，执行效果不打折。很多企业都有大量的"差不多先生"，他们的口头禅是"差不多""还可以""说得过去""马马虎虎"；他们工作缺乏紧张感，经常敷衍；对于领导交代的任务，他们自己先打个折扣，导致结果与目标相差十万八千里。正是由于很多组织对这种现象的纵容，这种现象才有了存活的土壤；正是由于千千万万的"差不多先生"，企业发展才戴上了低效率的枷锁。执行不得力使企业的目标无法实现，缺乏责任心让企业发展失去了前进的动力。我们需要让执行文化扎根在每个中国人的心中，共同助力中国经济的腾飞。

第一章

执行力决定企业生死存亡

　　提高执行力，就是要树立一种严谨再严谨、细致再细致的工作作风，改变心浮气躁、浅尝辄止的毛病，以精益求精的精神，不折不扣地执行好各项重大战略决策，把小事做细，把细节做精。

一些企业初始条件相似，并采用了几乎相同的战略，最终结果却相去甚远。有的企业成为业界翘楚，有的企业在竞争中败下阵来。人们不禁要问，根本原因究竟何在？

施乐公司在其战略转型的过程中，选择了和IBM（国际商业机器公司）类似的战略，并请IBM的财务总监来担任CEO（首席执行官）。但施乐公司缺乏有效的市场应对措施和组织保障，造成员工执行乏力，其战略转型最终以失败收场，企业逐步走向衰败。

员工缺乏执行力，企业丧失竞争力

执行力是企业核心竞争力

零售业在美国早已是成熟的行业，按照传统的经济学观点，它应该几乎无利可图。沃尔玛的创始人山姆·沃尔顿却独辟蹊径，一点一点拉大了与竞争者之间的差距。为了实现其战略目标，沃尔玛加强员工培训：对服务细节追求完美，如员工要对3米以内的顾客微笑，微笑时要露出上排8颗牙；对顾客的提问，永远不要说"不知道"。沃尔玛统一采购，集中发货，每天提供低价商品，建立全美联网的管理资讯系统以加强货品传递与管理。

沃尔玛就是以这些看似平淡无奇的管理方法成为全球最大零售企业的。沃尔玛的员工已经将企业的执行文化转化为自己的行为规范，成就了沃尔玛特有的员工执行力，培育了企业的核心竞争力，使这艘企业"航母"具备了持续领先的竞争优势。

中国平安保险（集团）股份有限公司董事长马明哲对执行力做过这样的解释：执行力反映的是一家企业的核心竞争力，反过来说，企业核心竞争力就在于执行力。

我们来研究一下什么叫核心竞争力。核心竞争力有两个最简单的定义：我的产品别人不能替代，我的本事别人无法模仿。不论有形的商品还是无形的服务，能否始终保有竞争力，关键就在于是不是没有替代品，有没有什么本事是别人不能模仿的。如果你公司的产品有别的产品可以替代，你的本事也跟别人一样，可以说你就没有什么核心竞争力。

一家企业如果没有执行力，却宣称自己有核心竞争力，我是不会相信的。如果有核心竞争力，就说明它有执行力，没有执行力，怎么可能形成核心竞争力呢？

执行要点

执行力反映的是一家企业的核心竞争力，反过来说，企业核心竞争力就在于执行力。

打造核心竞争力不是靠某种"绝招"，也没有固定的模式，可以肯定的是，提升执行力是构建企业核心竞争力的重要途径。那些在激烈竞争中最终能够胜出的企业无疑都具有超强的执行力。执行力是决定企业成败的重要因素，是构成企业核心竞争力的重要一环。

那么，到底什么是"执行力"呢？

我认为，执行力就是保质保量地完成工作和任务的能力。关键在于四个字：保质保量。在上司提出工作任务和要求后，员工如果能够保质保量地完成，就叫作有执行力。

而且，要想让员工具有执行力，各级管理者也要从自身做起。有了执行力强的管理者，才有执行力强的员工。强将手下无弱兵。一个强势的领导者，其部下也必定是非常精干的，其整个团队的工作能力和竞争力亦是出类拔萃的。

马明哲先生便是一个非常强势的人。他提到了这样一种

"怪"现象（见图1-1）：

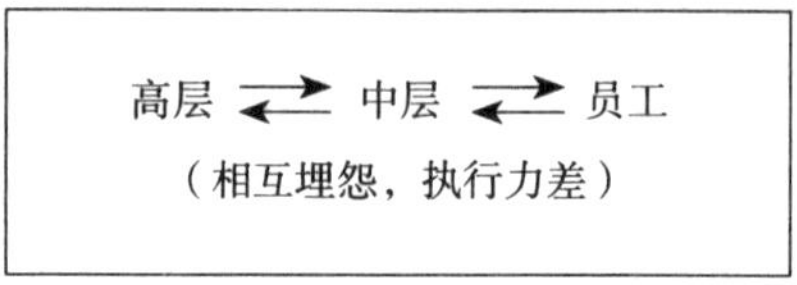

高层 ⇌ 中层 ⇌ 员工
（相互埋怨，执行力差）

图1-1

在企业里，高层埋怨中层，中层埋怨员工，员工埋怨中层，中层埋怨高层，大家互相埋怨执行力差。一开会，你怪我，我怪他，他怪你，怪来怪去。这就是"怪"现象。为什么怪呢？执行力到底差在哪里？我们来看图1-2。

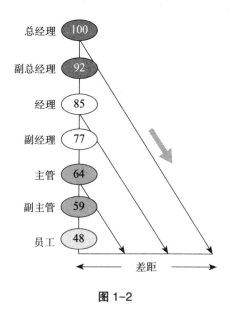

图1-2

我们用分数简单地说明一下。如果总经理做到100分，副总经理做到 92 分，那么经理或许就只有 85 分了；如果经理做到 85 分，那么副经理或许只能做到 77 分，主管只能做到 64 分；而主管做到 64 分，副主管可能只做到 59 分，结果员工只能做到 48 分了。所以，不要问员工为什么只做到 48 分，而要先研究第一个出现偏差的是谁。但是很奇怪，很多公司都喜欢追究员工的责任，殊不知第一个要检讨的是副总经理。

另外，出现偏差的层级越高，底下的差距就越大。所以副总经理犯错误远比经理犯错误严重，经理犯错误又比主管犯错误严重。高管的执行力不到位，中层、基层的执行力就会更不到位。差距是从上面开始产生的。所以要研究第一个出现偏差的是谁。

无论是企业高层领导、中层干部还是基层员工，如果每一个人都能保质保量地完成自己的任务，就不会出现执行力不强的问题；如果大家在每一个环节和每一个阶段都做到一丝不苟，就不会有这么多推诿扯皮现象。

马明哲先生说的企业"怪"现象，其实就是没有一个人在检讨自己是否保质保量地完成了工作任务。因此我经常说，执行力不强是每一层级的问题。我们不要再相互埋怨执行力差，而应该首先问问自己：我保质保量地完成任务了吗？在我这个环节，我做到一丝不苟了吗？

执行要点

执行力就是保质保量地完成工作和任务的能力。

战略再好，也要有人执行

在企业发展速度要加快、产品质量要提高、发展规模要扩大、企业寿命要延长的要求下，除了决策层要善于不断捕捉发展机遇，制定好的战略外，更重要的是要具有实施这一战略的执行力。执行力是企业贯彻落实经营决策、及时有效地解决问题的能力，是企业的决策在实施过程中原则性和灵活性相互结合的重要体现，是企业生存和发展的关键。正如台湾大学教授汤明哲指出的，一家企业的成功，30% 靠战略，40% 靠执行力，30% 靠运气。

在战略意识逐渐成熟、战略规划水平逐步提高的过程中，企业只有有效地执行既定的战略，才能赢得更多学习的时间和成长的机会。而且，企业执行力的不断增强反过来也会促进其战略制定水平的提高，这样企业才能在制定与执行战略的循环中从稚嫩走向成熟。

有这样一则古老的寓言：某地的一群老鼠非常惧怕一只凶狠无比、善于捕鼠的猫，于是，老鼠们齐聚一堂，讨论如何解决这个心腹大患。老鼠们颇有自知之明，并没有杀猫的想法，只不过想探知猫的行踪，早作防范。有只老鼠的提议立刻引来满场的叫好声，它建议在猫的身上挂个铃铛。

在一片叫好声中，其中一只老鼠突然问道："谁来挂铃铛？"

不难理解，这是个讽刺"坐而言"却未必能"起而行"的寓言。某商学院的一位教授把这个寓言搬进了 MBA 课堂，学生们议论纷纷：有的建议做好陷阱，猫踏上后，铃铛自然缚在猫的脚上；有的建议派遣"敢死队"，牺牲小我，成全大我……这是个没有结论的讨论。下课前，教授留下一句话："想想看，为什么从来没看到过被老鼠挂上铃铛的猫？"

中粮集团前董事长宁高宁曾说过这样一句话："战略正确不能保证公司的成功，但成功的公司一定是战略方向与战术执行力都到位的公司。"战略只能告诉你发展方向，战术告诉你是否可以执行。战略与战术配合起来才能成功。因此，企业光有好的战略还不够，还要有人按照正确的方法去执行。

德国足球成功的因素有很多，但有一点很重要，那就是球队队员在贯彻教练的意图、完成自己所担负的任务方面执行得非常给力，即使在比分落后或全队处于困境时也一如既往地按照既定战术执行。你可以说他们死板、机械，也可以说他们没有创造力，不懂足球艺术。但成绩说明一切，作为足球运动员，他们是优秀的，他们身上具备执行力文化的特质。

无论足球队还是企业，一个团队、一名队员或员工，如果没有完美的执行力，就算再有创造力也不可能有好的成绩。可见，是否具有执行力，是一个人或一个团队能否被认可、能否成功的关键因素之一。

一家企业有无执行力，关键看是否拥有具有执行力的人。

联想集团是世界著名企业，它之所以能取得如今的成就，与其强大的执行力是分不开的。早在 2004 年，联想最值得称道的就是它每年都举办的全国性市场活动，每次都是在几百个城市同时举行，足见其强大的运作和控制能力。这种以高效运作体系为基础的执行力，也正是联想在国内电脑市场崛起并且至今保持霸主地位的撒手锏。

联想之所以有这么强大的执行力，是因为联想集团有一名"得力大将"——杨元庆先生。

杨元庆领导的联想电脑在 1996 年的中国电脑市场份额中占据了第一的位置，一举打破了国内电脑市场多年以来被国外品牌垄断的局面，树立了中国电脑品牌主导中国市场的信心和决心。

1997 年，杨元庆将"严格文化"引入联想，并确立了"认真、严格、主动、高效"八字管理方针，还毫不留情地提出了著名的"八大问题"，细数联想执行力下降的症状。

2000 年，他又针对联想内部缺乏沟通和协作的情况，将亲情成分引入联想文化，试图以此建立一种相互信任和协作的文化。

2001 年，杨元庆接过联想"帅印"，在公布 2001—2003 年计划的同时，他把任正非的著名文章《华为的冬天》发给了全体员工。在一次会议上，杨元庆问与会者："如果有一天，公司没有完成任务怎么办？"

半年后，他开始大张旗鼓地向联想的"大企业病"和"体内病毒"开火……

2004 年底，联想宣布收购 IBM 个人电脑业务，正式开启国际化征途。在杨元庆的带领下，联想管理层克服重重挑战，把联想的营收额从并购之前的 30 多亿美元做到了 2013 年的 380 多亿美元。2013 年，联想首次登顶全球个人电脑市场。

2014 年，杨元庆继续思考如何通过联想已经建立的全球化平台发展更多的业务，让联想多元化发展。他认为联想不仅要打造不同业务在全球的核心竞争力，而且要建立一个多业务的管理系统、操作系统，于是制定了新的发展战略。

而今，联想已经发展成为一家年收入近 4600 亿元人民币的全球化科技公司。

杨元庆能有一番成就，正是因为他认真严格地贯彻并发展了联想的发展战略。而联想在行业内能有今天的地位，也正是因为它具有高效的执行力文化。一个组织的高效率需要有执行力的人来保证，而个人的执行力水准是决定性的基本要素。一个完美的战略往往会毁于没有执行力的人之手。为了更好地实现经营目标，在拥有好的战略的同时，还必须具备相当的执行力。战略与执行力对于企业的成功缺一不可。

执行要点

一个企业光有好的战略还不够，还要有人按照正确的方法去执行。

有标准，有制度，更需要执行到位

标准和制度是企业为了保证战略决策的贯彻实施而为全体员工制定的行为准则和依据。要想真正有效地保证决策变为现实，达到既定效果，就需要制定激励与约束执行者的标准和制度，良好执行都是建立在好的流程和标准基础之上的。

曾在行业处于领先地位的摩托罗拉早在20世纪80年代就建立了自己的流程管理体系，即形成内部控制标准。该控制标准对涉及销售、采购、薪酬、制造、融资、财务、信息系统控制、知识产权保护等各项业务的流程都做了详尽的规定，而且指出如果不按照标准去工作将会产生何种风险。所以，既有好的战略，又有好的运转机制和标准来保障这个战略的实施，企业才有可能获得成功。

但光有制度和标准还远远不够，重要的是员工能否遵守制度和标准，完成工作要求。同样的制度，同样的员工，因为执行力的强弱不同，企业也就有了不同的命运。

有家大型国有企业因为经营不善导致破产，被另一家集团收购，厂里的员工都翘首企盼该集团能带来一些先进的管理方法。出人意料的是，该集团只派来了几个人，除了财务、管理、技术等部门的高级管理人员换成了该集团自己的人员外，其他没有任何改变——制度没变，原厂人员没变，机器设备没变。该集团只有一个要求：把以前制定的制度和标准坚定不移地执行下去。

结果，一年过去，企业扭亏为盈。

如果这家企业的员工自始至终严格执行企业的规章制度，企业就不会破产了。

执 行 要 点

光有制度和标准还远远不够，重要的是员工能否遵守制度和标准，完成工作要求。

不少企业普遍存在这样的现象：有许多标准，甚至有非常完善的制度，但上至领导下至员工，全都不能也不会坚持贯彻执行。结果这些制度和标准都流于形式。这样的企业也往往像前面所讲的那家国有企业一样，经营不下去。

与其等待别人来拯救，还不如自己从现在开始就努力、认真地去做。认真地对待自己的工作，严格执行企业的战略，在每个环节和阶段都保质保量地完成自己的工作。如果企业里的每个人都能够再认真一点，再严格一点，执行力再到位一点，那么我们会发现，企业中所谓的"救世主"其实就是我们自己。

<h2 style="text-align:center">2</h2>

<h1 style="text-align:center">员工缺乏执行力的四种表现</h1>

虽然执行力如此重要，决定着企业的生死存亡，但缺乏执行力的现象比比皆是。执行不到位，就会导致战略发展出现偏差。

战略是工作目标，执行是工作态度，工作态度不认真，是战略发展出现偏差的最大原因。以下是企业中常见的缺乏执行力的四种表现。

"差不多"就行

不少人对执行缺乏敏感性，也不重视。想一想，在我们的工作中，"差不多""还可以""过得去"这样的口头语是不是出现的频率很高？"那有什么关系""这又不要紧""不就是一件小事嘛"这样的话肯定也不少出现。其实，这就叫偏差。

因为对偏差没有感觉，所以对很多事情也不觉得重要。约会迟到5分钟，很多人会认为不就5分钟嘛，那有什么关系呢？

我参加过一场结婚典礼，请柬上写着婚礼开始时间为 11 点，可 10 点半的时候，礼堂还没布置好，等到 11 点的时候，司仪还没到，总算等到 11 点半宣布婚礼可以开始了，又发现伴娘还没到……结果婚礼到 12 点半才勉强开始，说它勉强，是因为新娘的一位娘家人还在路上没赶到。这样的婚礼真是让人感到心里不爽。对比我参加过的另一场结婚典礼，请柬上写着开始时间为晚上 6 点 33 分。当 6 点 33 分一到，音乐响起，礼炮齐鸣，分秒不差。虽然这只是个案，但也能看出重视偏差与否，会给别人带来截然不同的体验。

为什么有的企业花费大量经费去学习其他企业的管理经验和方法，无论是派人考察，引进外方管理人员，还是每年不断增加企业培训课程，重金聘请培训讲师，最终都不见效果？原因就是企业里的员工工作态度不认真，对执行中出现的偏差没感觉。

国泰港龙航空公司（2020 年 10 月因集团重组计划而停止运营）曾连续几年当选为"中国地区最佳航空公司"。我乘坐他们的飞机十几年，极少被误点，我想，这与他们用心解决这个问题是分不开的。

有一次，我在香港乘机回上海，而那一天正好碰到香港下暴雨，全部飞机都不能起飞。待天气转好，轮到我搭乘的航班起飞时，已经延误了大概 50 分钟。飞机起飞后，我就听到空中小姐广播："各位旅客请注意，由于香港地区暴雨，我们没有办法按时起飞，到目前为止，本次航班已经延误 50 分钟。刚才机长通知我们会加速飞行，希望能够将各位准点送到上海。"那次航班原本应该在 1 点 15 分到达上海，实际降落时间是 1 点 20 分。

飞机加速飞行，到达目的地时，只比原定时间延迟了 5 分钟。那架飞机一天要排好几个班次，如果第一个班次误点，后面的班次就会全部误点，而且如果不注意控制延误，往往会第一个班次误点 5 分钟，最后一个班次就可能误点两个小时。有些航空公司可能就一直延误下去，因为它们永远只有一句话："没有办法。"而国泰港龙航空公司对偏差看得很重，并积极弥补这种偏差，所以它成为最佳航空公司是理所应当的。

什么叫"差不多"？差 1 分也是差，差 9 分也叫差。什么叫"过得去"？过去就是过去，没过去就是没过去。什么叫"还可以"？可以就是可以，不可以就是不可以。

一个工作态度认真、执行力强的人，永远都不会讲"差不多""过得去""还可以"这样的话。

员工如果在业绩考核中，得了 80 分就很满意了，而不是争取得到 85 分、93 分或 96 分，对成绩和结果无所谓，就会导致很多工作都浮于表面，许多目标就此搁浅。

执 行 要 点

　　一个工作态度认真、执行力强的人，永远都不会讲"差不多""过得去""还可以"这样的话。

不注重细节，不追求完美

一个做事不追求完美的人，是不可能成功的，而要做事完美，就必须注重细节。

古人云："千里之堤，溃于蚁穴。"这句话强调做大事业不要忽视微小的细节。然而，环顾我们周围，大而化之、马马虎虎的作风随处可见，"差不多先生"比比皆是，"好像""几乎""似乎""将近""大约""大体""大致""大概""应该""可能"……成了"差不多先生"的常用词。就在这些词语被一再使用的同时，许多决策停留在纸上，许多工作停在表面上，许多宏大的目标成了空中楼阁。

提高执行力，就是要树立一种严谨再严谨、细致再细致的工作作风，改变心浮气躁、浅尝辄止的毛病，以精益求精的精神，不折不扣地做好各项重大战略决策和工作部署，把小事做细，把细节做精。

要取得成功，必须在每一个细节上都一丝不苟。反之，不注重细节，就容易出现大问题，造成大的损失。

密斯·凡·德罗是20世纪最伟大的建筑师之一。在被要求用一句最简练的话来描述成功的原因时，他只说了"魔鬼在细节"五个字。他强调的是，不管建筑设计方案多么宏伟，如果对细节的把控不到位，那么造出的建筑就不能被称为一件好作品。

细节是成就伟大的关键点。能够成功的人，都是非常注重细节的人；而失败者，则往往缺乏对工作认真负责的态度，把工作当成负担，马虎、敷衍、拖沓的行为随时可见。这样的人往往就是因为忽略了细节，离成功总是差最后一步。

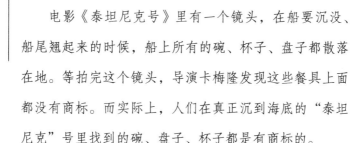

电影《泰坦尼克号》里有一个镜头，在船要沉没、船尾翘起来的时候，船上所有的碗、杯子、盘子都散落在地。等拍完这个镜头，导演卡梅隆发现这些餐具上面都没有商标。而实际上，人们在真正沉到海底的"泰坦尼克"号里找到的碗、盘子、杯子都是有商标的。

卡梅隆决定重新拍摄这个镜头。影片投资人说："你疯了，一万多个盘子重新做一套，那可要不少钱啊。"卡梅隆说："那就扣我的薪水吧，即使我不领薪水，我也要把它们重新做一遍。"

其实，有多少人知道这些餐具有商标呢？又有多少人会真正在电影的几个镜头中注意到这些商标呢？但对卡梅隆来说，事实上有的东西，就要把它真实再现。正是这种追求完美的精神、对每个细节都执行到位的态度，成就了这部影片，并使其风靡世界。

执行要点

要取得成功，必须在每一个细节上都一丝不苟。能够成功的人，都是非常注重细节的人。

在航天工程中，最危险的情况是什么？就是载人航天飞行器无法返回或爆炸。

1986 年 1 月 28 日，美国"挑战者"号航天飞机升空 72 秒就爆炸了，7 名宇航员全部罹难。2003 年 2 月 1 日，美国"哥伦比亚"号航天飞机在快要回到地面的时候，突然在空中解体，也导致 7 名宇航员遇难。

要想航天工程不出事故，就要坚持一丝不苟地按照指令行事，只要有一个环节没有做好，就有可能让一切毁于一旦。

美国"挑战者"号航天飞机爆炸，就是因为一个非常小的细节没有处理好而造成的。航天飞机的氢气燃料槽有一个橡皮圈的密封装置，这个橡皮圈遇到气温变化会热胀冷缩，在天气寒冷的时候，这个橡皮圈会变硬、缩小，使密封口有了缝隙，从而造成氢气泄漏。航天飞机在升空的时候，尾部喷出火焰，氢气一遇到火就爆炸了。

"千里之堤，溃于蚁穴"，任何伟大的事业都不能忽视微小的细节。也许一个细微的失误，就会导致灾难性的后果。

制度只是挂在墙上的废纸，没有人放在心里

每家企业都有自己的制度和标准，这些制度标准有没有起到作用，关键在于它们是被挂在墙上还是被人放在心里。如果只是挂在墙上而没有放在心里，那它们就是假的。

对于企业而言，光有制度是不够的，关键是上至领导下至员工都得坚持执行。

比如，新员工入职几乎都会接受有关企业规章制度的培训，有的人会认真阅读这些标准和制度，但是有的人从来就没把这些标准和制度当一回事，因为他们认为标准和制度都与自己无关，自己只要把工作做好就可以了。

难道真的没必要去关注那些标准和制度吗？如果你不去看，光知道努力工作，怎么知道自己的工作达到什么程度才叫合格，达到什么程度才叫完美？没有标准和制度来衡量你的工作行为和方向，你怎么知道什么是对的、什么是错的？如果你不知道这些，怎么可能把工作做好？即使你再努力，可能到最后还是达不到要求。

在企业里，员工守则是员工个人工作行为的标准和制度，而战略决策则是全体人员的奋斗方向和目标。一个工人，如果不知道自己生产的产品质量的标准和要求，就不可能对产品精益求精；一个医生，如果不知道医生的职业道德和技能标准，就不可能认真对待病人；一个教师，如果不知道教师的职业操守和教学规范，就可能误人子弟。

各行各业都有自己的标准和制度，身在其中的每个人只有都坚持落实了，才会做好自己的工作，实现奋斗目标。

执 行 要 点

对于企业而言，光有制度是不够的，关键是上至领导下至员工都得坚持执行。

不会尽职尽责地做好分内工作

不管从事什么职业、处在什么岗位，每个人都有其担负的责任，都有分内应做的事。做好分内的事是每个人的职业本分，也是执行力的基本要求。在工作的每一个环节、每一个层级和每一个阶段，我们都应重视执行力。

执 行 要 点

做好分内的事是每个人的职业本分，也是执行力的基本要求。

如果一个人连分内的事都做不好，又何谈执行力呢？"在其位而不谋其政"或"在其位而乱谋其政"，其结果必定是"失职"，很可能会造成严重的后果。最近几年经常有媒体报道，因为人为失职造成交通事故、煤矿坍塌、火灾等重大事故。这时付出的代价往往就不仅仅是财产损失，还有宝贵的生命。

现代企业都采用电脑办公，上班时间，大部分人都坐在电脑前。这就给很多人一个错误的观念，认为坐在电脑前就是上班。但是，你在用电脑搜索些什么？你搜索的那些东西对公司、工作有用吗？除了上网，你关注市场、产品和客户了吗？

其实我们不说也明白，有很多员工，每天一上班打开电脑，用半个小时浏览新闻，用半个小时回复一些没必要的邮件，然后是问候聊天工具上的朋友。就这样，一上午的时间浪费了大半，却又在下班后加班，忙到深夜，觉得自己工作很忙、很累。其实，你是真的忙、真的累吗？还是因为你太自由散漫，将宝贵的工作时间都浪费在无聊的新闻和聊天上了呢？

工作没有紧张感，对一切都无所谓，吊儿郎当，马马虎虎，得过且过，对自己的分内工作不能够尽职尽责，也不知道自我检讨，这样的员工何来执行力？

1999年9月，日本某汽车公司因为巨额亏损，将36.8%的股权卖给了法国某汽车公司。法方派人出任由法国控股的日本汽车公司CEO。法方代表只用了一年多的时间，就使得连续七年亏损的日本汽车公司年赢利27亿美元，创造了世界汽车界的奇迹。

在法方代表的回忆录里，我们发现了他获得如此成就的秘诀。他说："我不是那种每天在办公室里应付几个小时，其他的时间都在高尔夫球场上度过的人。"他还说："在工作中我始终保持紧张感。"

这就是有责任感的人与无责任感的人的区别。有责任感的人，在工作中时刻保持紧张感，利用一切时间去思考自己工作上的不足，并尽力去完善。

在企业中，无论你处于什么职位，都有自己分内的工作和需要担负的责任。如果你能随时保持紧张感，坚持标准尽职尽责地完成自己的工作任务，何愁执行力不强？何愁工作业绩不能提升？如果一个人连自己分内的工作都做不好，即使抱负再远大、目标再宏伟，也依然会裹足不前，毫无进步可言。

执 行 要 点

在工作中时刻保持紧张感，利用一切时间去思考自己工作上的不足，并尽力去完善。

第二章

打造高效执行的员工

　　一个有竞争力、有执行力的员工，在从事一项工作的时候，要一边做一边思考，问自己这样做是最好的方法吗？有没有更好的方法？别人是不是做得更好？做得更好的人是怎么做的？只有通过不断思考、改进、吸收借鉴、果敢行动，才能让自己不断前进，进而推动企业走向成功。

企业要想具有强大的执行力，就需要有执行力强的员工。什么样的员工才有较强的执行力？如何提升员工的执行力呢？

①

执行力强的员工的九大特征

执行力强的人具备九个突出的特征。企业可以用这九个方面考查员工。假设在这九个方面都拿到满分，最高分就是90分；如果一个人没有达到60分，便不能提拔他当主管；如果一个人40分都不到，那他做一般员工都还需要努力；如果一个人只有20分，那就不能把他招聘进来。

个人执行力整体上表现为"执行并完成任务"的能力。企业中不同的人，要完成不同的任务，需要不同的具体能力。

具体而言，执行力强的人的九个特征如下：

※ 自动自发；

※ 注重细节；

※ 为人诚信，敢于负责；

※ 善于分析判断，应变力强；

※ 乐于学习，追求新知，具有创意；

※ 全力投入工作；

※ 有韧性；

※ 有团队精神，人际关系良好；

※ 求胜的欲望强烈。

自动自发

要想成为优秀的员工，会做事是远远不够的，还要有工作的意愿（动机），即要自动自发。所谓自动自发，是指要充分发挥人的主观能动性与责任心，在接受工作后应想尽一切办法把工作做好。乍一听来，这似乎只是一个普通的定义，其实它更是一种面对人生的态度。

我们生活在高速发展的现代社会，每时每刻都会遇到一些新的挑战和挫折。人的一生不可能永远一帆风顺，总会经历一些小风小浪。在这些小风小浪面前，有人退却了，就这么碌碌一生，怨天尤人；也有人在同样的环境中脱颖而出，成为强人或名人。这一切的差距都始于最初那一念之差。而所谓的一念之差，其实就是一种态度——面对生活、面对工作、面对人生的态度。

"自动自发"就是一种可以帮助你扫平挫折的积极向上的人生态度。

老板不在身边却更加卖力工作的人，将会获得更多奖赏。如果只在别人注意时才有好的表现，那么你永远无法达到成功的巅峰。最严格的表现标准应该是由自己设定的，而不是别人要求的。如果你对自己的期望比老板对你的期望更高，那么你就无须担心会失去工作。同样，如果你能达到自己设定的最高标准，那么升迁晋级也将指日可待。

自动自发地做事，同时还要为自己的所作所为承担责任。那些成就大业和凡事得过且过的人的最根本区别在于，成功者懂得为自己的行为负责。

执行要点

要想成为优秀的员工，会做事是远远不够的，还要有工作的意愿（动机），即要自动自发。所谓自动自发，是指要充分发挥人的主观能动性与责任心，在接受工作后应想尽一切办法把工作做好。

注重细节

注重细节，就应把做好工作当成义不容辞的责任，而非负担，要认真对待每一个细节，来不得半点马虎及虚假。工作的意义在于把事情做完美，而不是做到五六成就可以了，应以更高的、大家认同和满意的标准严格要求自己。

有时，细节的准确、生动可以成就一件伟大的作品，而细节的疏忽则会毁坏一个宏伟的规划。看不到细节或者不把细节当回事的人，对工作缺乏认真的态度，对事情只能是敷衍了事。这种人无法把工作当作一种乐趣，而只是当作一种不得不做的苦役，因而在工作中缺乏热情。他们永远只能做别人分配给他们的工作，甚至即便这样也不能把事情做好。而考虑到细节、注重细节的人，不仅认真对待工作，将小事做细，而且注重在细节中寻找机会，从而使自己走上成功之路。

格茨·维尔纳在创建 DM 连锁超市之初，就有自己的一套注重细节的经营理念，有时还会因为注重细节做出一些特别"古怪"的事情。

有一次维尔纳走进一家 DM 分店，要求分店店长拿扫帚来。这名店长把扫帚递给维尔纳，非常疑惑地说:"维尔纳先生,我不明白您要它做什么。"维尔纳指着地下的灯光说:"您看,灯光的亮点聚在地上,什么作用也没有。"接着,他用扫帚柄拨了一下上面的灯,让灯光照在货架上。

连这样的小事他也要过问并且亲自动手,岂不会累死?可就是这样一个大老板,后来拥有 1000 多家连锁店、2 万多名员工,2002 年的销售额就高达 26 亿欧元;2003 年初,他的个人财产已达到 9.5 亿欧元。

维尔纳在解释他注重细节的用意时说:"这样做给人留下的印象远比下达批示深刻得多。当然,我不可能每天都跑一遍所有的分店,不可能每一个细节都不放过,但是,一个企业家要有明确的经营理念和对细节无限的爱。"

中国伟大的思想家老子曾说:"天下难事,必作于易;天下大事,必作于细。"细节到位,执行力就不成问题。一个企业的管理者,不需要也不可能事必躬亲,但一定要明察秋毫,能够比他人观察得更细致周密,能够做到细致入微,像维尔纳那样,在某一细节的操作上给员工做出榜样并形成一种威慑力,使每个员工都不敢马虎,无法搪塞。只有这样,企业的工作才能真正做细。

企业的员工也必须有这种重视细节的工作态度，坚持做好每一件小事。只有这样，才能持续提升自己的执行力，让自己有进步的空间和晋升的机会。

多年以前，美国标准石油公司有一位名叫阿基勃特的职员。他在需要签名的时候，总是在自己签名的下方写上"每桶4美元的标准石油"字样，在书信及收据上也不例外。因此他被同事叫作"每桶4美元"，而他的真名反倒没有人叫了。当时的公司董事长洛克菲勒知道这件事后说："竟有职员如此努力宣扬公司的名号，我要见见他。"于是邀请阿基勃特共进晚餐。洛克菲勒卸任后，阿基勃特成了第二任董事长。

在签名的时候署上"每桶4美元的标准石油"，这算不算细节？虽然这件小事并不在阿基勃特的工作职责之内，但阿基勃特做了，并坚持把这个细节做到了极致。在那些揶谕他的人中，肯定有不少人的才华、能力在他之上，可是最后，只有他成了董事长。

执行要点

考虑、注重细节的人，不仅认真对待工作，将小事做细，而且注重在细节中寻找机会，从而使自己走上成功之路。

为人诚信，敢于负责

诚信是立身处世的准则，是人格魅力的体现，是衡量个人品行优劣的道德标准之一。正如孔子所说"言必信，行必果"，即"人无信不立"。只有诚信，一个人才会去为了实现自己的诺言而积极肯干。注重诚信的个人或组织，在不能履约的时候，必定会积极地对自己失信的行为负责，及时地采取必要的措施来弥补由自己的失信造成的损失。

执行要点

诚信是立身处世的准则，是人格魅力的体现，是衡量个人品行优劣的道德标准之一。

善于分析判断，应变力强

在信息社会，分析判断和快速应变能力的重要性是不言而喻的。在证券市场，鼠标早击和迟击十分之一秒，是否成交或成交价格就有很大区别。照相机为什么设计了千分之一秒和万分之一秒快门？原因就是万分之一秒之差，图像就已经截然不同。

机会是为有准备者提供的，快速应变能力往往并不表现为一时的灵感，更多的是捕捉到等待已久的瞬间出现的时机。对于客观环境和市场形势可能出现的变化，我们必须做出预测，并备有应付各种变化的预案。很多人都懂得去做这方面的准备工作，为事业的发展设计了很多种"可能"，但有时由于个人和所处环境的局限性，"不可能"的因素便被忽略了。"不可能"的因素积累得多了，必然就会出现突发事件，这时就更需要理性地分析，果断地决策，快速应对，从而化险为夷。

可以说，善于分析和快速应变是在竞争日益激烈、变化日益迅速的时代有效执行的必要条件。

《三国演义》中描写了赵云临敌应变以"空营计"吓退曹兵的故事。建安二十四年（公元219年），大将夏侯渊在定军山被黄忠斩杀，曹操得知后亲率20万大军杀奔汉中，要为夏侯渊报仇。黄忠自告奋勇，深入敌后去夺取曹军粮草。诸葛亮放心不下，令赵云领一支人马同去。黄忠在北山脚下被围，苦战多时，不得脱身。赵云见黄忠去后许久不归，急忙披挂上马，前去接应，曾先后两次杀入重围，救出黄忠及其部将张著。曹操在高处看到赵云东冲西突，所向无敌，勃然大怒，自领将士追赶。眼看大军追到蜀营军门以外，守营将领张翼看到敌我悬殊，情势危急，慌忙要关闭营门。赵云喝止，一面将弓弩手埋伏到寨外，一面令大开营门，偃旗息鼓，自己单枪匹马立于营外。魏将张郃、徐晃先到，看到这番情景，疑心设有伏兵，不敢向前。曹操到后，却催督众军，大喊一声，杀奔营前。这时，赵云大智大勇，依然纹丝不动，魏兵以为确有伏兵，转身就往后逃。赵云乘机把枪一招，蜀军鼓声震天，杀声动地，强弩硬弓一齐射出，魏兵心慌意乱，只顾逃命，互相践踏，死伤累累。拥到汉水边时，又互相争渡，落水淹死者无数，大批辎重器械被丢弃。蜀军取得了出乎意料的胜利。刘备得知后，亲到现场了解作战经过，非常高兴地对诸葛亮说："子龙（即赵云）一身都是胆也！"

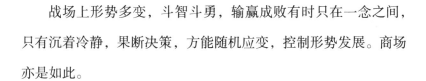

战场上形势多变，斗智斗勇，输赢成败有时只在一念之间，只有沉着冷静，果断决策，方能随机应变，控制形势发展。商场亦是如此。

　　对于客观环境和市场形势可能出现的变化，必须做出预测，并备有应付各种变化的预案。

乐于学习，追求新知，具有创意

　　一位哲学家曾说过："未来的文盲不是不识字的人，而是没有学会怎样学习的人。"学习能力、思维能力、创新能力是现代人才应具备的三大能力，其中，善于学习是最基本、最重要的能力。没有善于学习的能力，其他能力也很难发挥作用。

　　　　远大集团总裁张跃的座右铭是："要孜孜不倦地追求知识。当然，这里不是指那种很刻板的知识，还包括生活方式的认知、品位和感受，这是决定一个人是否幸福的重要方面。要在知识中找到美感，体会到美的享受。"

　　　　通威集团董事局主席刘汉元，经过20年左右的奋斗，使企业成为以农业、新能源为双主业，并在化工等行业快速发展的大型跨国集团。早在2002年，他就被《财富》杂志认定为全球40岁以下最成功的商人之

———在亚洲仅有 13 人获此殊荣。作为一个如此规模企业的老板，应当说刘汉元的时间是非常紧张的，他的办公桌上总是摆满了各种各样等待批阅的商务文件。然而，不管多忙，不论身处何地，每月的月底，他都要乘飞机到北京大学光华管理学院参加 EMBA 班的学习，毕业后又连读了 DBA 工商管理博士。

没有稳定的工作，只有稳定的能力——首先是学习的能力。当今社会，一切均在不断的发展变化之中，而且发展变化的速度正在不断加快。这个社会中，唯一不变的就是变化。要想适应世界的变化，跟上社会的变化速度，必须努力学习。学习能力是一个成功者必须具备的能力，是未来新一代成功人士的第一特质。

执 行 要 点

学习能力、思维能力、创新能力是现代人才应具备的三大能力，其中，善于学习是最基本、最重要的能力。

全力投入工作

全力投入工作的热忱是每个人获得成功的必备要素。没有对工作的热忱，就无法全身心投入工作，就无法坚持到底，对成功也就少了一份执着；有了对工作的热忱，在执行中就不会对得失斤斤计较，不会吝啬付出和奉献，而是富有激情，勇于创新，不断进取。

执 行 要 点

全力投入工作的热忱是每个人获得成功的必备要素。

有韧性

韧性是指能够忍耐挫折、承受压力，具备自我控制的意志力等。有韧性就能够在比较大的压力下坚持目标和信念，在艰苦的、不利的情况下，克服外部和自身的困难，坚持完成任务。

麦当劳的创始人雷·克罗克最欣赏的格言是：

走你的路，世界上什么也代替不了坚韧不拔：才干代替不了，那些虽有才干却一事无成者，我们见得多了；天资代替不了，天生聪颖而一无所获者几乎成了笑谈；教育也代替不了，受过教育的流浪汉在这个世界上比比皆是。唯有坚韧不拔、坚定信心，才能无往而不胜。

一位经理在描述自己心目中的理想员工时说："我们所急需的人才，是意志坚定、工作起来全力以赴、有奋斗进取精神的人。我发现，最能干的大体是那些天资一般，但拥有全力以赴的做事态度和永远进取的工作精神的人。做事全力以赴的人获得成功的概率大约占到九成，剩下一成的成功者靠的是天资过人。"这种说法代表了大多数管理者的用人标准：忠诚、有韧性。

具有韧性的人能够经受挫折。决心固然宝贵，但有时会因力量不足、能力有限而受阻，而唯有借助韧性，方能不断向目标迈进。

韧性首先表现为一种坚强的意志，一种对目标的坚持。"不以物喜，不以己悲"，对于认准的事，无论遇到多大的困难，仍千方百计完成。克劳塞维茨在《战争论》中有一句很著名的话："要在茫茫的黑暗中发出生命的微光，带领着队伍走向胜利。"战争打到一塌糊涂的时候，将领的作用是什么？就是要在茫茫黑暗中，用自己发出的微光带领队伍前进，谁挺住了，胜利就属于谁。

韧性在工作中更多表现为能够保持良好的体能和稳定的情绪状态，当处于巨大压力下或产生可能会影响工作的消极情绪时，能够运用某些方式消除压力或消极情绪，避免自己的悲观情绪影响他人。这并不是人人都能做到的。

美国著名石油大亨、标准石油公司的创始人约翰·洛克菲勒，也是世界上第一位亿万富翁。

16岁时，他为了得到一份工作，翻开克利夫兰全城的工商企业名录，仔细寻找知名度高的公司。每天早上8点，他离开住处去参加面试。他不顾一再被人拒之门外，日复一日地前往——每周六天，一连坚持了六周。

在走遍了全城，被所有大公司拒之门外的情况下，他并没有像很多人想象的那样选择放弃，而是"敲开一个多月前访问过的第一家公司"，从头再来。有些公司，他甚至去了两三次，但谁也不想雇个孩子。可是越受到挫折，洛克菲勒的决心反而越坚定。

1855年9月26日上午，他走进一家从事农产品运输代理的公司，老板仔细看了他写的字，然后说："留下来试试吧。"

这就是洛克菲勒的第一份工作，是他自己都记不清被拒绝多少次后得到的工作。他一生都把9月26日当作"就业日"来庆祝，那热情，胜过他庆祝自己的生日。

做梦的价值为零，行动起来才有可能成功。相比洛克菲勒遇到的挫折，也许我们幸运得多。我想很少有人在找工作时，在推销自己的想法或产品时，会在遇到几百次乃至上千次的拒绝后仍坚持不懈。拒绝本身并不可怕，可怕的是遇到几次挫折就畏缩不前，就怀疑自己——这样的人是永远不会成功的。

执行要点

具有韧性的人能够经受挫折。决心固然宝贵，但有时会因力量不足、能力有限而受阻，而唯有借助韧性，方能不断向目标迈进。

有团队精神，人际关系良好

具有团队精神，是好的员工应具备的素质之一。团队合作对一个人的最终成功起着举足轻重的作用。

脱离团队，即使得到了个人的成功，往往也是变味的、苦涩的。因此，员工的执行力绝不是个人的勇猛直前、孤军深入，而是和团队共同前进。

"经营之神"松下幸之助提出："公司要发挥全体职工的勤奋精神。"他不断向职工灌输"全员经营""群智经营"的思想。这种思想认为，松下的经营，离不开全体员工的共同奋斗，靠的是群体的综合力量进行的。为打造坚强团队，将近70岁的松下幸之助还在每年正月的一天，带领全体员工挥舞着旗帜，把货物送出工厂。在目送几百辆货车壮观地驶出厂区的过程中，每一个工人都会产生由衷的自豪感，为自己是这一团体的成员感到骄傲。

一个人的力量总是有限的，成功30%靠自己，70%靠别人。人脉就是财脉，每一个人都是通过团队来实现自己的伟大梦想的。

团队精神包括四个方面：

※ 认同别人：组织中的员工相互欣赏，相互信任，而不是相互瞧不起，相互拆台；管理者应该引导下属发现和认同别人的优点，而不是突显自己的重要性。

※ 主动帮助：不仅是在别人寻求帮助时提供力所能及的帮助，还要主动地帮助同事；反过来，我们也能够坦诚地乐于接受别人的帮助。

※ 无私奉献：组织成员愿为组织或同事付出额外的劳动。

※ 团队自豪感：团队成员要以团队为荣，这种感觉集合在一起，就凝聚成为战无不胜的战斗力。

执行要点

员工的执行力绝不是个人的勇猛直前、孤军深入，而是和团队共同前进。

求胜的欲望强烈

欲望是一切行动的源泉，也是支持人生不断进取的动力。一个人没有欲望，做任何事情都不可能坚持，更遑论成功，其人生也将变得空洞平淡。当然，人的欲望形形色色，其中不乏偏激、劣等的蠢欲。此类欲望对人生有害无益，应当压抑和克制。

克制蠢欲的最好办法，就是以积极的、有益的欲望投入对事业的追求。这种欲望越强，情绪就越高，意志就越坚定。强烈的求胜欲望可以使人将能力发挥到极致，为事业的成功献出一切。

华为的董事长任正非是个非常积极的人，华为能走到今天，与任正非强烈的求胜精神是分不开的。在华为的初期发展阶段，任正非提出"狼性文化"，其中有三个内涵：

第一，像狼一样，嗅觉灵敏，可以随时闻到商机。

第二，即使面对恶劣的天气，狼也要出去寻找猎物，华为需要这种不避困难、不畏风险，让企业存活的精神。

第三，狼从来不单打独斗，只有团队的力量，才能战胜一切困难。

这种"狼性文化"，使华为具有强大的凝聚力、不屈不挠的斗志，使华为走向世界，成就了企业的高速发展。如果没有这种积极的文化，华为就不会拥有今天这样的成就。

执行要点

强烈的求胜欲望可以使人将能力发挥到极致，为事业的成功献出一切。

② 执行渗透于企业的每个环节

在行动中思考

1971 年，联邦快递的创始人弗雷德里克·史密斯在一个废弃的军用飞机场里开始了自己的创业生涯，50 年过去了，联邦快递变成了业务遍及全球 200 多个国家和地区的快递巨头，年收入达 400 亿美元，是全球 500 强企业之一。弗雷德里克·史密斯有一句话："在行动中思考着。"

从这句话可以看出，作为联邦快递的创始人，弗雷德里克·史密斯认为速度是最重要的，速度对自己的创业来讲就是核心文化，他强调速度、行动与敏捷。所以，弗雷德里克·史密斯形成了自己的文化，并把这种价值观和文化灌输到联邦快递公司内部，而公司员工也逐渐体会并形成了一种共同的价值观。

可以说，在成立至今的 50 多年里，做事不积极、不敏捷、不快速的人是无法在联邦快递待下去的。

"在行动中思考着"，弗雷德里克·史密斯的这句话对增强员工的执行力有重要的借鉴作用。

一方面，做事快速、敏捷非常重要。一名员工一天到晚空想是没有什么作用与效果的，只有立刻把脑中所想付诸实践，在实践中加以验证，才会看到效果。另一方面，不能"死做"。一边做，一边还要思考"是否还有更快速、更有效的方法"，不断提出改善建议。两方面都做到了，才真正具有了强大的执行力。

想一想，你自己在工作中出现问题的时候，是将问题推给上司还是自己去寻求解决方法？你是否整天浑浑噩噩地混日子，每次遇到同样的问题都不知道思考原因？在我们的生活中，有太多这样的人了。这也是许多企业一直毫无起色的原因，因为它们没有具有思考能力和执行力的员工。当然，也有些员工，今天一个点子，明天一个想法，但永远都是无法落实的空中楼阁，结果耽误了工作，也荒废了青春。

无数事实证明，空想和"死做"都要不得。整天空想的人头脑里想的都是水中月、镜中花，虽然很美，但是不具操作性。整天"死做"的人像老黄牛，看似勤劳辛苦，其实没什么特别的竞争力，换别的人来依然可以做这些事情。

执行要点

做事快速、敏捷非常重要。一边做，一边还要思考"还有更快速、更有效的方法"，不断提出改善建议。

一个有竞争力、有执行力的员工，在从事一项工作的时候，要一边做一边思考，问自己：这样做是最好的方法吗？有没有更好的方法？别人是不是做得更好？做得更好的人是怎么做的？只有通过不断思考、改进、吸收借鉴、果敢行动，才能让自己不断前进，进而推动企业走向成功。

韩国三星从负债 170 亿美元到成为全球最大的内存芯片制造商、显示器和彩电制造商，以及第一大 CDMA 手机制造商，只用了五年时间。三星的成功绝非偶然。对三星最有影响的是其前会长李健熙。

1987 年 11 月，李健熙担任三星集团会长。在一次海外考察中，李健熙看到，在洛杉矶的几个家电卖场中，显眼处摆放的都是美国通用电气、惠而浦，荷兰飞利浦，日本索尼、东芝等世界一流品牌的商品，这些产品以一流的设计与性能在卖场上聚集了高度人气。卖场中也有三星的产品，然而三星的产品上落满厚厚的灰尘，被随便放置在卖场角落。在韩国属于最高等级的三星产品，在全球市场中竟被如此对待，李健熙的心情非常沉重。经过研究，他决心改造三星。

1993 年，在推动"二次创业"的第二阶段，李健熙挑战员工自认为"三星就是一流"的错觉。他强调："现在不是能不能做得更好的问题，而是站在生死存亡的交叉路口，我们的产品要赶上先进国家的脚步，还有很长一段距离。如果不能成为世界第一，企业将无法继续生存下去。"

1993 年 7 月，李健熙在东京会议发言时说："我们三星明显只有二流水准，简直太不像话了，为什么需要售后服务呢？为什么不将产品制造到不会发生问题呢？""员工制造出不良的产品，也不会觉得丢脸或者生气。""我们应该如何以最便宜、最快捷的方法做出最好的产品，才是关键所在。"

李健熙对日本员工说："各位，听说你们做事情都力求完美，为什么韩国三星的东京仓库里被退回来的洗衣机、彩电、微波炉堆积如山？是不是你们有两条标准，为日本老板做事就追求完美，为三星就不这样做？"员工代表说："不是这样的。三星总部拼命催促我们多生产产品，去抢占市场份额，于是我们就顾不上品质了。"

李健熙说："过去的事都是我们决策失误，那么就到今天为止，不要再追究了。各位，你们可不可以从明天开始，哪怕是只做一台洗衣机、一台电冰箱、一台微波炉，都应做好？"从此以后，三星开始强调以质量管理和力求变革为核心，彻底改变当时盛行的"以数量为中心"的思想。

改变，往往就在行动中萌芽，在思考中完善。一个企业，一个人，如果不能在行动中思考，结果一定会走偏，甚至与初衷背道而驰。李健熙带领三星成长的故事非常值得普通员工借鉴：不满足于现状，吸收别人所长，对自己的发展方向及时做出规划，这正是在行动中思考的一种工作态度。在信息化的现代社会，在"金融危机""裁员"成为流行词的今天，如果你还不能看清自己的现状，边做边思考如何提高自己，那你很快就会被淘汰。

执 行 要 点

有执行力的员工，要一边做一边思考。只有通过不断思考、改进、吸收借鉴、果敢行动，才能让自己不断前进，进而推动企业走向成功。

在流程中改善

我们用发展的眼光来看，任何流程都不是十全十美的，都有可以改善的余地。可是，这个改善由谁提出来呢？老板还是主管？其实都不是，工作流程的改善应该由从事这项工作的员工提出。因为员工具体负责这项工作，所以最了解这个工作流程，知道其中的问题在哪里。假如有一天，你的上司对你说："这个工作流程有问题，我们可以改善一下。"这说明，你已经失职了。

一个执行力强的员工，总是会不断思考更好的方法，不断优化、改善工作流程。

这是一个竞争加剧和变动加快的时代，顾客的需求日益多样化，传统的流程框架不断受到顾客新需求的挑战。在我们的工作中，流程出现的问题随处可见，比如客户抱怨处理时间过长；设备因使用不当或缺乏保养，经常出现故障；人员闲置，但各单位又经常抱怨人力不足；计划或决定常因中间环节过多，而未能执行到位……这些流程问题，如果得不到及时改善，就会影响企业的竞争力。作为员工，你是否发现了企业里的类似问题？是否思考了有没有更好的方法？是否向领导提出过改善建议？

在这里，我们要特别强调一种"解码"能力，即员工将自己的愿望"解码"为自己工作的操作细节，"解码"为自己应该担负的工作责任的能力。在企业中，员工"解码"能力不强是普遍存在的现象，其主要原因就是有很多员工不能自己发现问题、思考问题和解决问题。

不会发现问题，就不知道标准和现状之间的差距在哪里，到头来做了很多无用功，不光累了自己，还会给企业目标的完成带来阻碍。所以，员工在执行上司交给的任务时，一定要善于发现问题，知道什么是对的、什么是错的，能够在对和错之间做出正确的选择。一味埋头苦干，等辛苦干完了才发现与原定目标相距甚远，不仅上司不满意，自己也很难满意，看着自己辛苦所做的一切，不禁发出"早知如此，何必当初"的感叹。

问题出现了，我们就要思考问题出现的原因：为什么会产生这个问题？什么时候产生的这个问题？为什么别人不会有这样的问题？通过不断深入的思考，找出问题产生的原因，找到原因后还要进行整合和总结，分清楚主要原因和次要原因，找出根本原因。

比如，一个司机开车把货物从 A 地送到 B 地，结果在路上出了点意外，以致他没能将货物按时送到。经过分析后，我们找到三个原因：

第一，他没有事先规划路线，准备应急预案；

第二，在从 A 地到 B 地的所经之路上，有一段遇上了交通管制；

第三，天在下雨，地面湿滑。

这三个原因中哪个是根本原因呢？如果天气好，他就能按时到达吗？未必。看起来是交通管制耽误了他的时间，可如果他能提前了解路况，得知这段路会有交通管制，那么他就可以规划一条别的不受阻的路线。或许有人会问：若这交通管制是临时发生的呢？若路上发生了其他可能阻碍交通的意外呢？倘若这个司机能事先做好规划，准备应急预案，那么在遇到突发状况时，他就能灵活变通，改变路线，尽量保证及时把货物送达。也就是说，下雨和交通管制不是没按时到达的根本原因，事先没有规划、没做应急预案才是根本原因。

在工作中，发现问题后，我们也许一时找不到原因所在，那就要像这样进行分析，分析后会发现主要原因和次要原因。如此几次之后，我们不但提高了业务水平，而且处理问题的方法也将大有改进。

发现了问题，通过思考找到了出现问题的根源，接下来就要思考怎么解决这个问题。解决问题是对工作技能融会贯通的过程。我们可以通过解决问题不断学习和总结，避免类似的问题再次发生，为自己和其他人树立一个不犯类似错误的榜样。

南方航空公司湖南分公司飞机维修厂曾创下连续144个月无差错维修的光辉历史。他们是怎么做到的呢？方法有很多，其中就是找了20多个在公司工作了10年以上的专业骨干，编写出一本《维修法典》，然后把《维修法典》送到厂库里面去实地检验，经过不断调试修改，得出最佳方法。同时，别的公司发生问题时，他们会派人去支援，再带着经验教训回来讨论，如果在自己身上发现了类似情况该怎么办，如此举一反三，防患于未然。

后来，《维修法典》成为南方航空湖南分公司的一本重要参考书，这就是该公司机务维修连续144个月没有差错的主要原因。

解决问题的过程就是一个不断总结、改进和完善的过程，一个有所成就的人就是通过解决掉一个又一个的问题成长起来的。

一个拥有发现问题、思考问题和解决问题的能力的人，一定是一个执行力非常强的人。在企业中，执行力强的人多了，企业的战略才能被强有力地执行。

我们不愿看到的是，在企业内部，所有人对一切不合理的现象都视若无睹，对一切问题都感到无所谓，得过且过。这样的企业就像一潭死水，早晚会被市场的大潮吞没。

执 行 要 点

一个执行力强的员工，总是会不断思考更好的方法，不断优化、改善工作流程。

3

商界领袖眼中的高效执行力

下面是一些知名企业家对高效执行力的看法，希望能对员工有所启发。

高效执行力就是消灭妨碍执行的官僚文化

每个企业都希望找到实现持续成功的灵丹妙药，但它到底在哪里？让我们回顾历史，一百多年前，纽约证券交易所在开盘时，选取了当时美国工业中最重要的 12 家公司的股票，形成道琼斯工业股价平均指数，而一百多年后的今天，只有 GE（通用电气公司）依旧留在该指数中。是什么使得 GE 能基业长青？原因很多，但无疑，GE 卓越的企业执行力在其中扮演了举足轻重的角色。

GE 执行的有力推动者之一是其前 CEO 杰克·韦尔奇。杰克·韦尔奇对执行力的观点是："通用电气最痛恨官僚主义，我们要杜绝将资源浪费在行政体系上的做法，摒弃所有仅有美丽外壳的计划与预算。"

杰克·韦尔奇的观点是，所谓执行力，就是把妨碍执行的一些官僚主义的做法以及徒具外表的空壳子统统摒弃。

杰克·韦尔奇从 GE 最基层的实验车间化学工程师，一步步脱颖而出，最终登上 GE 最高层的权力宝座。他完好地保持了独特的、与官僚作风格格不入的"杰克式"的激情，坚决摒除 GE 这个"多元帝国"的官僚主义，以强硬的作风、追求卓越的理念推动着 GE 业务的重组。这种充满活力的激情，成为他出任 CEO 后进行一切改革的原动力。他历经旧体制的层层曲折，深知哪里有最阴暗的深处、哪里有无所事事的敷衍，所以，"刀斧"所到之处，必斩而后快，绝不手软。为此，他曾有"美国最强硬的老板"之称。

执 行 要 点

一个公司的实力不体现在它的大楼上，也不体现在它的人员上，更不体现在它的会议上，而体现在它的贯彻力度上，也就是杰克·韦尔奇所说的执行力上。

高效执行力就是任用会执行的人

联想集团的创始人柳传志把执行力归结为这么一句话："选拔合适的人到恰当的岗位上。"

这一观点就是，所谓的执行力，就是选拔合适的人，让他在合适的岗位上工作。

如何才能选对人、用对人？对此，管理学大师彼得·德鲁克有如下总结：

※ 着眼于一定数目的候选人并扬长避短；

※ 与几个曾和候选人一起工作的人讨论每一位候选人；

※ 仔细推敲任命，尤其要把握好任命的核心和性质；

※ 确保被任命者了解职位；

※ 不要冒险给新来的干部安排新的重要工作；

※ 及时纠错。

在这六条原则中，第三、五、六条执行起来最难，教训也最多。企业中众多"空降兵"的失利大都与此有关。很多职业经理人正是因为被放在了错误的位置上，所以不仅不能提升企业执行力，反而会造成不必要的管理"冲突"。

组织的效率需要合适的人才来保证，个人的执行力水准是一个基本的要素。再完美的战略也会死在没有执行力的管理者手中。为了更好地实现经营目标，必须反思管理者的角色定位——管理者不仅仅要制定战略，还应当具备相当的执行力。

战略是企业发展的指南，要根据战略来制定执行方案：一方面，管理者制定战略时应考虑这是不是一个能够得到彻底执行的战略；另一方面，管理者需要用战略的眼光诠释执行。好的战略应与执行力相匹配。

执行要点

组织的效率需要合适的人才来保证，个人的执行力水准是一个基本的要素。再完美的战略也会死在没有执行力的管理者手中。

高效执行力就是在每一环节都力求完美

迈克尔·戴尔创办的一个攒电脑的小公司发展到 2001 年，一举取代康柏，成为全球最大的个人计算机制造商，根本原因就在于戴尔公司具有超强的执行能力。他对执行力的看法是："一个企业的成功，完全是由于其员工在每一阶段都能够一丝不苟地切实执行。"

戴尔公司"接单生产"的做法与传统生产方式的区别在于：工厂在接获客户订单后才开始生产。戴尔重视从供货商到工厂组装再到送货的各个环节，要求每个环节都要一丝不苟地以最快的速度完成，迅速满足顾客的需求。戴尔公司这种快速反应能力、高效执行能力令其击败了众多对手。

执 行 要 点

一个企业的成功，完全是由于其员工在每一阶段都能够一丝不苟地切实执行。

第三章

工作态度决定执行力

工作态度不同，决定了结果的不同。执行力并不是工具，而是工作态度。工作态度好的人，执行力就强；工作态度差的人，执行力肯定无法令人满意。

老板将一份工作交给甲、乙两个能力相差不多的人，面对同样的工作，甲积极主动，做事认真，对工作完全投入；乙拖拖拉拉，做事毫无主次，不敢承担责任，对工作中的各个环节认为差不多就行，不力求尽善尽美。结果，甲取得了超乎老板预想的完美成绩，乙却连本职工作也完不成。

为什么结果会相差如此之大？关键是两个人的工作态度不同。工作态度不同，决定了结果的不同。执行力并不是工具，而是工作态度。工作态度好的人，执行力就强；工作态度差的人，执行力肯定无法令人满意。

很多人是因为工作态度始终不够认真，导致执行力存在很大偏差。因此，要想拥有较强的执行力，首先要注重培养员工的工作态度。

一项工作，做到什么程度算好？我认为做到最好才算好。好到不能再好了，也就达到了完美。

比如你得了 80 分，要想办法达到 85 分；达到 85 分了，再想办法达到 90 分，然后是 95 分……不断努力，不断在否定中提高自己，直至做到最好。

　　我们对待工作，绝不要抱着无所谓、马马虎虎、得过且过的态度。面对每份工作，都要积极开动自己的大脑，勇于承担责任，不为失败找理由，不让抱怨成习惯，每个环节都力求完美，那么你得到的结果一定是最好的。

凡事追求完美

多做事情，少问问题

　　企业管理者通常遇到的最大麻烦就是，交代下去的工作，手下的人往往问一大堆问题，很少有几个人能够马上去做。也许我们问得太多、做得太少了。

　　很多人都知道把信送给加西亚的故事。

　　美西战争爆发后，美国必须立即与西班牙的盟军首领加西亚取得联系。加西亚在古巴丛林里，没有人知道确切的地点，怎么办呢？

有人对总统说："有一个名叫罗文的人有办法找到加西亚，也只有他才找得到。"

他们把罗文找来，交给他一封写给加西亚的信，并对他说："这是一封非常非常重要的信，请交给加西亚。"罗文接到这封信后，只说了一句："我会尽全力。"然后藏好这封信就出发了。

关于罗文如何把那封信交给加西亚的细节并不是我想说明的，我要强调的重点是：美国总统把一封写给加西亚的信交给罗文，而罗文接过信之后，并没有问"他在什么地方"。这是一种敬业精神，对上级的托付，能够立即采取行动，全心全意去完成任务——"把信交给加西亚"。企业需要这样的员工，也只有这样的员工才是具有执行力的、合格的员工。那些懒懒散散、对事漠不关心、做事马马虎虎的人都是被动地做工作，在领导交给一项任务时，总是抱怨、推脱，问这问那，最后可能事情还完不成。

我们来做个实验：你此刻坐在办公室里，周围有六名职员。你对其中一名职员说："请帮我查一查百科全书，把××的生平做成一篇摘录。"那个职员会立马去执行吗？

很可能不会，而是会满脸狐疑地提出数个问题：

他是谁呀？

他过世了吗？

哪套百科全书？

百科全书放在哪儿？

这是我的工作吗？

为什么不叫别人去做呢？

急不急？

你为什么要查他？

…………

这样的人，总是问得太多，做得太少，缺乏工作主动性。这样的员工，永远都是为了一日三餐而奔波的人，因为他没有主动性，不知道自己的目标在哪里，也不知道自己做事的意义是什么。

上司交给你一个任务，就是给你一个目标，至于采取什么方式去实现目标，那是你应该考虑的问题。目标是虚的，而执行力却是由实实在在的工作组成的。

执行要点

对上级的托付，能够立即采取行动，全心全意去完成任务。企业需要这样的员工，也只有这样的员工才是具有执行力的、合格的员工。

没有任何借口

对于一名员工而言，要完成上司交付的任务就必须具有强有力的执行力。接受了任务就意味着做出了承诺，而实现不了自己的承诺是不应该找任何借口的。可以说，工作就是不找任何借口地去执行。

思想影响态度，态度影响行动。没有任何借口是执行力的表现，这是一种很重要的思想，体现了一个人对自己的职责和使命的态度。

在美国西点军校，学员在受训的时候，对于自己做得不好的地方，会回答"没有任何借口，长官"。当上司问你的工作为什么出现纰漏的时候，你若能够回答这句话，然后立即思考解决方案并着手去干，而不是讲一大堆找借口的话来应付，那么你就是个执行力非常强的员工。

巴顿将军在他的战争回忆录《我所知道的战争》中曾写到这样一个细节：

我要提拔人时常常把所有的候选人排到一起，给他们提一个我想要他们共同解决的问题。有一次，我说："伙计们，我要在仓库后面挖一条战壕，8 英尺长，3 英尺宽，6英寸深。"我就告诉他们那么多。仓库有窗户和大节孔，候选人检查工具时，我走进仓库，通过窗户和节孔观察他们。我看到伙计们把锹和镐放到了仓库后面的地上。他们休息几分钟后开始议论我为什么要他们挖这么浅的战壕。有的说6英寸深还不够当后炮掩体。其他人争论说，这样的战壕太热或太冷。还有军官抱怨他们不该干挖战壕这种普通的体力活儿。最后，有个伙计说："让我们把战壕挖好后离开这里吧，那个老畜生想用战壕干什么都没关系。"最后那个伙计得到了提拔。我必须挑选不找任何借口完成任务的人。

无论什么工作，都需要这种不找任何借口去执行的人。对于员工而言，无论做什么事情，都要记住自己的责任，无论在什么岗位上，都要对自己的工作负责。不要用任何借口为自己开脱或搪塞，完美的执行是不需要任何借口的。

"拒绝借口"应该成为所有企业追求完美的最有力的保障，它强调的是每一位员工都应该对自己的职业行为准则奉行不渝，没有任何借口地坚定执行，而不是为没有做好自己的工作去寻找任何借口，哪怕看似合理的借口。不以任何借口为理由并不是最终的目的，这种要求是为了让个人学会应对压力和挑战，培养自己不达目的决不罢休的毅力。它让每一个员工懂得：工作是没有任何借口的，失败是没有任何借口的，人生也没有任何借口。

执 行 要 点

接受了任务就意味着做出了承诺，而实现不了自己的承诺是不应该找任何借口的。

领导在不在都一样

在"工业学大庆"的时代，大庆人强调树立"三老四严""四个一样"的作风。其中"四个一样"是指：黑夜和白天干工作一个样，坏天气和好天气干工作一个样，领导不在场和领导在场干工作一个样，没有人检查和有人检查干工作一个样。其实，这就是一种认真自主的工作态度。"铁人"王进喜就是在这样的精神指导下，带领他的团队实现目标的。

有些人，有领导看着的时候就认真干一会儿，噼里啪啦地敲着键盘，聚精会神，一副不完成任务誓不罢休的样子；领导一离开，人就松懈下来了，慵懒地靠在椅子上，目光散漫，不知道自己要做什么。员工缺乏执行力，没人监督时就偷懒，领导在与不在时表现得完全不一样。这是一种不认真的工作态度，也是工作没有自主性的表现。在"皮鞭的驱赶"下才去工作的人，永远都不会成功。

报喜也报忧，勇敢担责任

在一些企业中，有些员工报喜不报忧的问题相当严重。有的人在向上司汇报工作时，对成绩和好的方面极力渲染，对问题和缺点则轻描淡写、讳莫如深，以期大事化小、小事化了；有的人对报忧的人横加指责、施加压力，甚至打击报复。

这些做法，不仅妨碍了管理者对真实情况的了解和掌握，容易形成误导，造成决策失误，而且贻误了解决问题的时机，使小矛盾变成大矛盾，小错酿成大祸，给企业造成重大损失。同时，也会诱发其他员工的投机心理，助长弄虚作假之风，败坏企业风气。

其实，这种报喜不报忧的心态，正是缺乏责任感的一种表现。报喜不报忧的人对任何事情都得过且过、马马虎虎，总是试图用遮掩问题和淡化问题来推卸责任。

人在犯错误后，推卸责任或者将责任归于外部，以减轻自己内心的负担，这几乎是人类的共性。一个不愿承担责任的人，在工作中一旦出现问题，就会找各种借口来推卸与逃避，而一个执行力强的人肯定是勇于承担责任的。工作中出现问题，关键是如何不让问题再一次发生。这时如果有人主动承担责任，大家就会很快静下心来寻找解决问题的办法，否则大家就会把时间花在推测谁是责任者上。这种纠缠在管理者眼中没有任何意义，除非确实能起到杀一儆百的作用。

在一些外国的公司中流传着这样一句话："Always solution, never excuse."（永远寻找解决方案，不要怨天尤人。）一个人能勇于承认错误，就意味着向成功迈进了一步。

有些人把承认错误视为软弱的表现，认为承认错误就是承认失败与暴露不足，实际上文过饰非只是在自欺欺人，它会使你失去改进的机会，而错误也终究会表现出来，真到那时，你的信誉就会一落千丈。

一个执行力强的人在面对问题时，总是勇于承担责任，出现问题时多从自身找问题。要使自己承担起责任，就必须同上司一起为每一项工作制定目标；确保自己的目标与整个团队的目标一致。此外，还必须使工作富有挑战性，以便通过工作使自己有所成就。

执 行 要 点

在工作中，报喜也要报忧。出现问题时，要主动承担责任，静下心来寻找解决问题的办法。

及时承认错误，尽快解决问题

"不停地辩解"可以说是一种恶习，但无论在生活还是工作中，拥有这种"恶习"的大有人在。他们总是找一个人当替罪羊，拉一个人当挡箭牌。"我以为"就是一个辩解的口头语，很多人犯错误以后经常会用这三个字为自己辩解。当错误出现时应少讲"我以为"，不要相互推卸责任，而是要及时承认错误，尽快解决问题，只有这样才能大大提高工作效率。

情景一：

董事长：余总经理，你注意一下，我们的钢铁销量最近正在下滑。

总经理：对不起董事长，这是我的错，我马上召集有关人员调整销售策略。

董事长：西班牙瓦布贝尔家具最近不太好卖，怎么回事？

总经理：这也是我失察，我会尽快找出解决方案。

董事长：还有，余总经理你注意一下，听说那个王副厂长最近闹情绪，不大想干。

总经理：……

情景二：

董事长：余总经理，你注意一下，我们的钢铁销量最近正在下滑。

总经理：董事长，这是因为韩国釜山钢铁最近一直在美国不停地降价，我也没有办法呀。

董事长：西班牙瓦布贝尔家具最近不太好卖，怎么回事？

总经理：我以前提醒过您不要进口西班牙大理石的家具。

董事长：还有，余总经理你注意一下，听说那个王副厂长最近闹情绪，不大想干。

总经理：我听说那个家伙在外面……

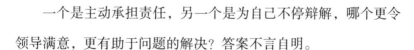

一个是主动承担责任，另一个是为自己不停辩解，哪个更令领导满意，更有助于问题的解决？答案不言自明。

辩解只会把问题越抹越黑，掩盖事实真相，从而让事实沉入辩解的沼泽，对问题的解决毫无益处。工作中出现问题，应第一时间面对问题，实事求是地分析问题出现的原因所在，寻求各种方法去解决问题。

> **执 行 要 点**
>
> 当错误出现时应少讲"我以为",不要相互推卸责任,而是要及时承认错误,尽快解决问题,只有这样才能大大提高工作效率。

与其抱怨,不如先改变自己

一般人失败的原因往往是不愿意对自己负责,总是从其他人身上找自己失败的借口。如果仔细观察,你会发现,这些失败者天天都在抱怨。例如,一个业绩不佳的汽车销售人员,就总是抱怨公司训练得不够多、广告打得不够响、车子的种类不够多样、颜色不够丰富等。但事实上,这对自己并没有任何好处。

陈武刚初次经商失败,破产了,到处借债,几乎走投无路。他的太太却说:"即使已经破产,口袋里根本没钱,我老公仍然每天穿着西装,系着领带,拎着公文包,开着车上班,像个董事长一样,不被失意击倒……"

这段话给我的印象特别深刻。即使有一天你破产了,也不要逢人就诉说你的痛苦与遭遇,抱怨命运对你的不公。就算公司只剩你一个人了，你也要像陈武刚一样，抱着积极的心态努力工作。

没过多久，机会就来了，那就是克丽缇娜。

陈武刚于 1989 年在台湾地区创立克丽缇娜美容品牌，越做越大，并发展到大陆，更迈开了国际化步伐，产业遍布 13 个国家和地区。

我们经常会听到这样一些抱怨："北京市场比较好做，天津市场比较难做""我宁愿在大连，我不喜欢在长春""我最不喜欢销售部了，我喜欢计划部"……如果一个人总是这样，他必将一事无成。一个人要充分认识自己，而不要总去研究其他部门和其他人。

行业之间是截然不同的，部门也各有分工，因此不能说我的工作比别人的工作面临的挑战更大，我的工作比别人的工作困难得多，与其强调客观，不如从自身入手，从改变自己做起。

执行要点

一个人要充分认识自己，而不要总去研究其他部门和其他人。与其强调客观，不如从自身入手，从改变自己做起。

坦诚面对批评

金无足赤，人无完人，任何人都有犯错误的时候。犯了错误，我们是坦然地接受批评，还是选择逃避？面对批评时的不同态度，可以反映出人的执行力强弱。

有些人性情比较暴躁，或者不太喜欢听取别人的意见，一旦有人向他们提出批评，他们的第一反应就是进行反驳。但是反驳并不能使问题得到解决，相反，还可能使矛盾进一步激化。因此，当对方提出批评意见时，正确的做法应该是认真地倾听，即便有些观点自己并不赞同，也应该让对方先讲完。另外，还应该坦诚地面对批评者，表现出愿意接受批评的态度。

还有一些人在进行批评时，虽然说了一大堆，却很难让人明白他具体在批评什么。遇见这样的批评者，我们应该礼貌地让其讲明批评的理由，最好能讲出具体的事件。这样可以使我们清楚地明白自己在哪些方面还存在问题和不足。另外，这也可以让无中生有的批评者知难而退。

能够接受别人的批评，体现了一个人虚怀若谷、谦虚进步的胸怀。在接受别人批评时，不要去猜测对方批评的目的，而应该将注意力放在对方批评的内容上。面对批评者，无论批评的内容是对还是错，都要表现出认真倾听的态度。

有人肯批评你，是因为他在意你，希望你更完美。在自

己身边，时刻有一个督促自己积极上进的人，是自己成功的
动力。

执 行 要 点

　　当对方提出批评意见时，正确的做法应该是认真地倾
听，即便有些观点自己并不赞同，也应该让对方先讲完。

心态积极，主动执行

　　思想决定行动，积极的思想会产生积极的行动。如果一个
人的内心非常积极，表现出来的就是一种坚持、一种投入和一种
认真。

　　所以说，人要阳光，不要阴暗；人要积极，不要消极；人要
乐观，不要悲观。积极乐观的人会经常把笑容挂在脸上，而不是
每天一早起就心事重重、愁眉不展，把心事都藏在心里不与人倾
诉，整个人看起来非常郁闷。

　　成功学大师拿破仑·希尔说："人的学历、能力、运气、财
产，对他的成功并不起决定作用，起决定作用的是积极的心态。"

　　我们生活在高速发展的现代社会，每时每刻都会遇到一些新
的挑战和挫折。人的一生不可能永远一帆风顺，总会经历一些曲

折和坎坷。在这些困难面前，有人退却了，并怨天尤人；也有人脱颖而出，成为强者或名人。这一切，就在于一念之差。而所谓的一念之差，其实就是一种态度——面对生活、面对工作、面对人生的态度。

拥有积极的心态，自动自发地工作，凡事主动执行，我们离成功就不远了。

无论企业还是个人，如果没有积极主动的心态，怎能拥有强大的执行动力和工作积极性？所以，积极的心态是非常重要的。

有一次，我陪太太去一家百货商场买东西。有一个很可爱的小姑娘负责开电梯，从她开门到关门以及介绍楼层的用语和态度，我都觉得她做事非常规范。

我悄悄地对太太说："这个小姐用不了多久就会离开这儿。"

"为什么？"我太太问。

"我猜会有人把她挖走。"

"你怎么知道？"

我说："你看，这个电梯每天上下几百次，每一次都有十来个人进去，挤的时候人更多。来这儿的顾客也会有别的公司的管理者，他们多半也会欣赏她，甚至想把她挖走。"

几周后，我们再去那里，发现那个小姑娘不见了。一打听，她果然去别的公司当助理了。

执 行 要 点

人要阳光，不要阴暗；人要积极，不要消极；人要乐观，不要悲观。

消极的人在遇到困难挫折的时候会一蹶不振，而积极的人会在跌入人生低谷的时候扭转局势，反败为胜。在遭遇逆境的时候，能否翻身，关键看你怎么选择，成功的人总是能从失败中寻找机会。

人的一辈子，被人赏识的机会不是很多，碰到了就要马上抓住，积极的人就非常会把握机会。如果你被上司赏识，你一定要积极努力地去抓住机会，因为机会很容易错过，错过了这次机会，也许你一辈子都不会再遇到同样的机会，成功也会离你越来越远。

艾柯卡曾任职于世界汽车行业的领头羊——福特公司，由于其卓越的经营才能，他节节高升，直至成为福特公司的总裁。然而，就在他的事业如日中天的时候，成为福特公司老板的福特二世却出人意料地解除了他的职务。原因很简单，因为艾柯卡在福特公司的声望和地位已经超越了福特二世。

此时的艾柯卡可谓跌入了人生的低谷，他在办公室里沉思良久，终于毅然下了决心：离开福特公司。离开福特公司之后，有很多世界知名企业的老板都见过他，希望他能加盟，但艾柯卡都婉言谢绝了。因为他心中有一个信念：从哪里跌倒，就要从哪里爬起来！

他最终选择了当时美国第三大汽车公司——克莱斯勒公司，这不仅因为克莱斯勒公司的老板曾经三顾茅庐，更重要的原因是此时的克莱斯勒已经千疮百孔、濒临倒闭。他要向福特二世和所有人证明："我艾柯卡不是一个失败者！"

艾柯卡入主克莱斯勒之后，进行了大刀阔斧的整顿和改革，终于带领克莱斯勒走出了破产的险境。艾柯卡拯救克莱斯勒已经成为一个著名的商业案例。

在处于人生低谷的时候，如果艾柯卡就此认输，就不会有今天的克莱斯勒。反败为胜是一种勇气，一种不甘失败的积极心态。我们在工作中、生活中，都非常需要这种心态。

执 行 要 点

消极的人在遇到困难挫折的时候会一蹶不振，而积极的人会在跌入人生低谷的时候扭转局势，反败为胜。

2

诚信令执行无偏差

智联招聘网的 CEO 刘浩先生说过一句话："选人首先要注重诚信，一个人一旦不诚信，他的执行力就会打折扣。"对于个人来说，诚信意味着要对自己诚实、对客户诚实、对公司和工作诚实，只有做到诚实，才能明白自己的优势与不足，知道客户到底需要什么，才对得起自己的薪水。

说了就要努力做到

在日常生活中，我们经常会不经意地做出一些承诺，即使没有做到也觉得无所谓，认为不就是一件小事情嘛。但正确的做法是，自己不能胜任的事情，切莫轻易答应别人；一旦答应了别人，就必须兑现自己的诺言。

> 有一天晚上下雨，我正在客厅里看报纸，我太太回来了。听到妈妈进门的声音，大女儿就从楼上冲下来，一边迎接妈妈，一边问："妈妈，给我买的巧克力饼干呢？"我太太说明天再买。女儿一听就不高兴了，说妈妈骗人。
>
> 我走过去问发生了什么事，女儿说妈妈晚上出去时，答应要给她带巧克力饼干回来，结果没有买。于是，我就要求太太和我一起，冒着大雨，出去给女儿买了一盒饼干。

尽管这只是件小事，但我认为父母答应孩子的事一定要做到，否则就是不诚信。有不诚信的父母，孩子多半会有样学样，变得不诚信；有不诚信的员工，企业对外的诚信度也会大打折扣。诚信要从小事做起，说到做到。

在商业社会，商家对服务时间的遵守也是诚信的一种表现。凡是承诺给客户的时间与事情，一定要努力做到，而且要始终严格遵守，否则将被顾客视为不诚信的典型。

我有一次乘飞机到美国去，在东京过境。那天晚上飞机停在东京成田机场，我就住在附近的日航酒店。由于第二天早上6点钟飞机起飞，4点30分就要办登机手续，这就表明凌晨4点钟我就要吃早餐了。于是我问酒店的餐厅服务员凌晨4点钟能否吃到早餐。服务员回答说完全可以。

第二天凌晨3点50分我站在餐厅门口，餐厅的门是关着的，但可以透过玻璃看到里面灯火通明，餐厅人员都在紧张准备中。3点58分，服务员已站在餐厅门口，准备迎接客人了。3点59分30秒，店长也站在餐厅门口。4点整，门准时打开，我的脚一踏进去，服务员和店长便一起鞠躬致辞"欢迎光临"。我问餐厅店长："你们每天都能这样准时开门吗？"

她说："是的，每一年、每一月、每一天都是这样开门迎接第一位客人的。"

执行要点

答应别人的事情一定要做到。说过的话如同泼出去的水，是不能收回的。

充分挖掘自己的长处，忠于自己

诚实的含义之一就是认识自己。管理学家劳伦斯·彼得在1969 年出版了《彼得原理》一书，提出：

人在某一个岗位取得一定成就以后，就会趋向于被晋升到更高一级的岗位，一直晋升到自己不能胜任的岗位为止，这样就可能导致组织里面的所有岗位都被不胜任的人占据。而在新的岗位上，被晋升者使用的又往往是他们在原先岗位上所使用的管理经验和办法，但显然这在更高层次的岗位是不适用的。

彼得原理其实很简单，就是每个人在被提升的时候都不会拒绝被提升，因而也就会一直升到再也升不上去为止。其实乡长就是乡长，镇长就是镇长，一个人的能力如果只能管一个乡、一个镇，就不要去管一个市、一个县。因此每个人都要根据自己的能力大小做出切合实际的自我评价与判断。你的能力到底有多大？你的优势、不足分别是什么？如果自不量力，过高地评价自己，就是对自己不诚实，结果只能使自己陷入因无法胜任而导致失败的境地。

员工在对自己诚实的基础上，对于自己的长处要充分挖掘，在自己能力许可的范围内不断提高执行力。

在企业中，员工的发展规划要与企业的发展规划相结合，员工要在企业的发展中找到一条自我实现的道路，全身心地融入企业的发展。比如在 IBM，每一名员工都可以拥有两条职业发展道路：一条是专业发展道路，如技术工程师等，公司以多种培训助其在专业道路上站得更高、看得更远，培养其成就感；另一条是管理道路，即提升员工的管理理论与实践水平，最终使其发展成为合格的职业经理人。

每名员工都可以根据这两条职业发展道路发挥自己的特长和潜能，最终实现自我价值。

执 行 要 点

员工在对自己诚实的基础上，对于自己的长处要充分挖掘，在自己能力许可的范围内不断提高执行力。

投入工作，忠于事业

员工自身的机会源于企业，保障企业的利益就是维护自身的利益。所以员工要以维护企业的利益为己任，珍惜企业给予自己成就事业的机会，全身心地投入工作，争取取得最大的效益以回报企业。

一个人的诚实不仅仅是对企业的忠诚，还包括对自己事业的忠诚，其具体表现就是对工作的投入。一个人如果能真正投入工作，就有可能达到忘我的境界。

> 牛顿养了两只猫，一只大猫和一只小猫，它们很喜欢在牛顿做实验时跑来跑去。两只猫出门时，一拱门就出去了，但进来时就比较困难了。两只猫在外面用爪子抓门，"喵喵喵"地叫个不停，直到牛顿帮它们开门。
>
> 牛顿决定解决这个问题，就在门底下挖了两个洞，一个大洞由大猫出入，一个小洞由小猫出入。

有的人看到这个故事也许会嘲笑牛顿：真傻，还是物理学大师呢！两只猫走一个洞不就可以了吗？

其实故事真正要说明的是，牛顿做事情非常投入，他做实验时已经到了一种忘我的地步，连这一基本常识都给忘了。

真正投入工作的人，都是努力工作、不计较个人得失的人。他们在本职工作之外还会积极地为公司献计献策，尽心尽力做好每一件自己力所能及的事情。实际上，也只有真正投入工作的人，才能真正去了解自己，了解客户，了解公司的工作。

执 行 要 点

要以维护企业的利益为己任，珍惜企业给予自己成就事业的机会，全身心地投入工作，争取取得最大的效益以回报企业。

告别急功近利，忠于客户

诚信的人，给人的感觉是正直、务实。

一个诚信的员工，会按照自己的努力方向不断提高自己，在成长的道路上不会随波逐流，迷失方向。

一个诚信的员工，身边总会围着一大批老客户，因为他真正热爱自己的工作，真正树立了"让客户满意"的观念，重视客户的真实需求。

老赵第一次在上海的一家西餐厅吃牛排，点的是七分熟的牛排。牛排端上来，老赵一刀切下去，牛排就像牛肉干一样硬，他就跟服务员说："服务员，这个好像不是七分。"

服务员用刀一切，然后说了声"对不起"，就把牛排收走了，又拿了小菜让老赵先吃着。过了一段时间，新的牛排端上来，完全符合老赵的要求。后来，老赵不但常常去那家西餐厅，还常带一些朋友同去。

企业在经营过程中肯定会遇到这样或那样的问题，这些问题会在多大程度上影响客户对企业的看法，关键是直接面对客户的员工如何处理这些问题。只要认真对待自己的工作，始终把诚信放在首位，就一定能让客户满意。下面这个酒店的服务员就因为不够诚信而失去了顾客。

一次，张先生去青岛出差，住在一家有名的五星级酒店。晚上 11 点，他到楼下去点了一份皮蛋瘦肉粥，一吃是馊的。他对服务员说："这粥好像坏了。"

那个服务员一声不吭地把粥端走了，没多久又进来说："先生，您重点一个吧。"她也没说刚才那份是不是坏的，张先生想大概是坏的吧，就又点了一份海鲜粥，她说没有了。张先生只好点了一个三明治。从那以后，张先生去青岛再也没有住过那家酒店。

如果那个服务员知道自己酒店里的粥都馊了，可以在开始的时候就让顾客点别的；如果她开始并不知道粥馊了，但是在顾客吃出粥馊了的时候，就应该对顾客说："对不起，这是我们的错。这盘水果算是对您表示歉意，请您品尝一下山东最好的丰水梨。"可是她什么都没说，对顾客的感受一点都不在意。这样的员工肯定不会热爱自己的工作，说不定当时她正想着跳槽呢。

有一些员工，尤其是刚刚毕业参加工作的员工，没有自己的职业规划，看到别人做销售比较赚钱，他就想去做业务员；看到别人做软件开发比较好，他就想去做软件开发；看到别人做策划也不错，他就想去做策划……转来转去，对哪个行业都没有深入研究，对哪份工作都没有做好，几年的大好时光都浪费掉了。这就是"定力"不够。

在工作中，"定力"不够的人就会表现得急功近利，这种人不够务实，不会干一行爱一行，所以不会认真对待自己、对待客户、对待团队中的每个人。这样的人，就是不诚信的，其执行力也会出现问题。

执 行 要 点

只有认真对待自己的工作，始终把诚信放在首位，才能让客户满意。

对客户将心比心

对客户将心比心，处处从客户角度出发，真正了解客户在想什么、需要什么样的产品和服务，并真正满足客户的真实需求。这是真正的诚信。

在乘飞机的时候，公务舱和头等舱旅客的行李上都会挂一个"优先"的牌子，挂上牌子的行李就会优先出来。我坐了很多次公务舱，总会遇到行李挂了"优先"牌却没有优先出来的情况。对此我不禁要问：既然做不到，又何必挂牌子呢？

有一次，我在机场办手续，看到某家航空公司的服务员又在帮我挂这个牌子，我就忍不住讲了一句话："挂了也是白挂。"那位服务员一听就懂，却回了我一句话："不挂白不挂。"结果那天我的行李仍然没有优先出来。

给行李挂"优先"牌是一个很小的细节，其实对旅客来讲也许并不重要，但既然挂上了，就应该做到，要么就不要挂。否则就是没有诚信，就会让客户失望。

我们再看另一个完全不同的例子。

有一次，我与太太两人一起乘国泰港龙航空公司的飞机从高雄飞到上海。我们两个坐的都是公务舱，到上海浦东机场的时候，我们两人的行李应该是一起出来的。结果只有我的行李出来了，没有看到我太太的行李。

我们去服务台询问，服务台小姐马上说："余先生，很抱歉，您太太的行李没有上飞机。"这表示他们早就知道了，"不过余先生，您放心，您太太的行李已经随第二班飞机过来了。按照现在的时间推算，应该在厦门的上空，很快就到了。余先生，您住在哪里？您先回去，我们随后把行李送到您家。"

我说我住在浦西，就在这儿等。后来服务台小姐就说："余先生，非常对不起。这里有一张卡片，您可以凭卡片到休息室喝杯咖啡。"我就和太太去了休息室，没多久，工作人员就来带我们去领行李。开始出行李的时候，第一个出来的就是我太太的行李，上面贴的条子写着：紧急转运。

国泰港龙航空公司对客户的感受很在乎，这正是对客户将心比心的一种体现。相比之下，有的航空公司的员工对客户的感受无所谓，把诚信当成一个口号、一个流于形式的标准，其实就是不够诚信。

执 行 要 点

对客户将心比心，处处从客户角度出发，真正了解客户在想什么、需要什么样的产品和服务，并真正满足客户的真实需求。

第四章

执行就是将目标逐个落实

执行是将目标进行分解、逐个落实的过程，没有好的执行，再完美的目标也是空中楼阁。任何目标都不会自动实现。我们经常提出一些远大的目标，但因为没有分解，没有细化到每一天、每一件事情或者每一个过程，这个目标总是显得模糊不清。

要实现企业的战略目标，最重要也是最关键的因素是企业具有强大、高效的执行力。执行是将目标进行分解、逐个落实的过程，没有好的执行，再完美的目标也是空中楼阁。任何目标都不会自动实现。我们经常提出一些远大的目标，但因为没有分解，没有细化到每一天、每一件事情或者每一个过程里面，这个目标总是显得模糊不清。没有把目标量化在每一项工作里面，就不知道对于这个目标，我们自己的责任是什么、贡献是什么。所以，怎么具体实现目标比制定目标更重要。

要实现目标，需要做两件事情：第一，目标应该量化到每一个月（周、日）和每一个过程；第二，目标要从"细节"中寻求"关键点"。也就是说，要注意量化目标和细节化目标，把目标从口号或希望变成内在的思想和执行力，从而将目标落实到员工的执行过程中。

①

把目标量化到每个流程

  企业发展离不开目标的制定。不同的层级、不同的部门、不同的职位会有不同的目标，不同的时期也有不同的目标。比如，企业高层要制定战略目标，中层更关注战术的制定和实施，基层则注重一些具体的工作目标的实现。那么如何把这些目标落实到日常工作的流程中呢？如何防止这些目标变得空泛、抽象、模糊呢？要靠量化。要在每一个流程中量化目标，让每个员工有所依据和参照，并能产生可以度量的效果。

  什么叫作量化？举个简单的例子：很多人喜欢喝酒，而且明明知道喝酒会伤身体也常常喝。为什么呢？因为他们对于喝酒伤身体到底伤到什么程度并不清楚，总是感觉自己喝的量不会危及生命。

  但是量化以后认识就深刻了。研究表明，喝一两白酒，肝脏就要连续超负荷工作 46 小时，那么如果一晚上喝一斤白酒，肝脏会有多大负担，就可想而知了。量化之后，我们对于喝酒伤害身体的程度马上就有很清楚的认识了。

  再看另一个例子。某企业提出一个目标：要按照国际一流标准建设好队伍。乍一听，这个目标非常振奋人心。但怎么实现呢？并不明确。首先我们需要明确下面的三个问题：

第一，员工是否知道自己的企业还不是一流，而是处在二流甚至三流？

第二，是否能明确一流和二流的差别在哪里？

第三，从哪里开始创一流？范围、地域或者侧重点是什么？

知道了什么叫作国际一流、与一流相比差在哪里、从哪里开始创一流之后，再把这些内容进一步划分，这就叫量化。

如果目标没有量化，每个人、每个部门都不知道自己的职责所在，在工作中就会出现互相推诿、扯皮的现象。这样的话，目标就只能是一种空洞的口号，从而影响整个企业的发展。

IBM信用公司曾经要平均花费七天的时间，通过一系列的部门和程序为客户提供一项简单的融资服务：现场销售人员—总部办公室人员—信用部—经营部—核价部—办事组—快递到销售人员。在等待的七天中，销售人员和顾客都不知道流程传递到了哪一个环节，即便电话咨询也无法获知。由于在整个流程中没有将整个任务分解到每个部门和每个人身上，而是以部门之间的牵制来保证部门之间的审核，致使各个部门远离有效的信息，各行其是，造成审核效率低下，严重拖延了服务的时间。

要提高企业的执行力，就要杜绝目标量化不清晰的局面出现，只有对自己的目标和每个阶段的定位进行量化，才能知道自己想要什么，才能清楚自己努力后的结果是什么。

员工应自觉地分解自己手头的工作任务，使执行动作清晰细致，以有助于自己对战略本身的理解，阶段性地逐步完成自己的工作。这样既有完成工作的充实感和成就感，又能提高自己的工作能力。

量化目标，就是用确切的数字来描述规划目标，也就是用时间、货币或单位数量来换算。具体该怎么做呢？下面我们将进行具体分析。

执行要点

对自己的目标和每个阶段的定位进行量化，自觉地分解自己手头的工作任务，使执行动作清晰细致，以有助于自己对战略本身的理解，阶段性地逐步完成自己的工作。

找出更节省时间的方法

在日常工作中，对于员工来讲，讲究时间效率是最重要的。在激烈的市场竞争中，时间本身就是一种成本。谁能在更短的时间里做更多的事情，谁就能提高工作效率；谁能迅速应对纷繁复杂的环境变化，谁就能占据优势地位。因此我们强调在做事情前应该先量化时间，要想方设法节省我们的时间，降低我们的成本。

作为员工，一项工作任务交到你手上，你对上司说："我会尽快完成。"但尽快有多快？一个小时、一个星期，还是一个月？对工作时间没有清晰的量化，也就不存在一个好的工作流程，节省工作时间、提高工作效率就更无从谈起了。正是由于没有好的时间和流程规划，所以我们经常看到很多人在工作中当一天和尚撞一天钟，得过且过，稀里糊涂地混日子。对于自己接受的工作任务没有时间规划，没有流程设计，对出现的问题也没有应对措施，走一步算一步。往往一个小问题，就可能导致整个工作的失败。

美国联合包裹运送服务公司（UPS）有一句话："Can we be faster?"（我们还可以更快吗？）事实证明，只要认真检查每个工作流程，总会找出更节省时间的方法，通过流程设计，可以提高整个工作流程的效率。作为员工，我们要经常思考怎么缩短不必要的环节，怎么利用好时间提高效率。

从东京站到新大阪站的东海道新干线全程 515.4 公里，它的年平均延迟时间是 24 秒，而且包括自然灾害引发的延误。一年的误差是 24 秒，就意味着每个月的误差是 2 秒。那么这 2 秒是怎么控制出来的呢？

有很多种方法，我所知道的比如，第一，在人比较多的时候，车站会有工作人员维持秩序，帮助旅客快速上车；第二，列车在行驶的时候，要控制 5% 的速度来做调整，即如果列车离站的时候晚了 30 秒，在后面的行程中就要加快 30 秒。

下面再看一个案例。

F1 方程式赛车的时速达到 200 公里以上的时候，高速摩擦会使车胎快速消耗，需要进行保养或者更换轮胎。但是世界大赛都是分秒必争的，所以当这些赛车进站的时候，换车胎的动作必须非常快。那么换 4 个车胎需要多长时间呢？

丰田的广告里有两句话，一句话是 "in the blink of an eye"（一眨眼的瞬间），还有一句话是 "four new tires in three point two seconds"（换 4 个新的车胎只要 3.2 秒）。如果换 4 个轮胎要 30 秒，那对手早就不知道领先多少了。

3.2 秒钟内要把 4 个车胎全部换完。世界级赛车的车胎并不是用螺丝一个个拧上的，而是用环扣扣上去的。车子一进站，第 1 秒大家一起拔出车胎，第 2 秒滚车胎，第 3 秒上车胎，再扣上去，总共 3.2 秒，然后赛车开走了。这种速度的确惊人。

道理可能很简单，但我们通常没有把它做成一个量化的标准，用心去控制时间。

怎么设计流程呢？我们拿看病来说吧。传统的医院，从排队挂号到让医生初诊，然后排队做检查、拿结果，再和医生面谈，约好下次的时间，需要一个很长的过程。一个感冒病人进医院多久才能出来？我想没有 30 分钟是不可能的。这 30 分钟能够压缩吗？如果我们用心去想办法，整个医疗流程就可以缩短。

我们做一个假设。护士都用掌上电脑为病人登记信息，信息在医院内部也是联网的，挂号时通过电脑通知医生；医生在询问时就通过电脑通知药房；当你走下楼梯的时候，药房已经开始准备你的药了。必要的时候，你甚至还可以直接回家或上班。医院会把你的药快递到你家或你的公司。你认为这样可以缩短多少时间？这种流程的时间至少可以缩短一半。这就是流程设计。

再比如，对于我们的日常工作，用不同的颜色标明每项工作的重要程度和时间要求，这本质上就是进行时间管理。比如规定：红色代表一天之内必须完成的工作，绿色代表两天之内必须完成的工作，蓝色代表三天之内要完成的工作，其他的工作统统用黄色表示，可以延后几天。所以一看到红色，就要有紧迫感，下班以前这项工作一定要完成，除非有特殊的情况。这样就可以加快内部工作流程，督促问题及时解决，提高效率。

执行要点

谁能在更短的时间里做更多的事情，谁就能提高工作效率；谁能迅速应对纷繁复杂的环境变化，谁就能占据优势地位。

以货币来量化成本

对于一个1万人规模的企业而言，如果总经理每星期少下三个公文，那么一年可以节省多少钱？总经理的薪水是明确的，他批示公文的时间也可以确定，所以总经理批示公文的成本是可以算出来的。而总经理的公文一下去，副总经理、厂长、副厂长、经理、副经理、组长、副组长……又要花多少时间去批示，都可以换算出来。总经理一周只要少下三个公文，企业一年就可以节省几十万元。这就叫作以货币来量化成本。

说到成本，可以从"划分"和"单价"两个部分来讨论。

一是划分。

从财务核算的角度来看，一家企业的生产成本由直接材料、直接人工和制造费用等构成。

领导经常抱怨生产成本太高，那么到底高在哪里呢？是原材料太贵，还是人工太贵？经过划分，我们就可以比较清楚地认识到：其实成本并没有过多地花费在原材料和人工上面，而是更多地花费在制造费用上，比如花钱扩建了厂房，购买了过多的设备、车辆，等等。如果我们没有把成本这样进行划分，就根本不知道高在哪里，怎么降低成本就更是无从谈起了。

还有一种划分成本的方式，把成本分为两种：第一种是实际成本，即实际上发生的历史成本；第二种是标准成本，即对生产所需成本的理性预期。这两种成本，又可进一步粗略分为直接成本与间接成本。其中，直接成本是与生产产品直接相关的部分，间接成本则是其余部分。需要说明的是，这一划分方式比较粗略，只有助于我们进行大致的量化，并不适用于财务人员做账。

比如生产椅子，做一把椅子的预算是 80 元，实际花费 100元，比预算多花了 20 元。进一步分析，在这 100 元里，直接成本是 60 元，间接成本是 40 元；而预算的 80 元里，直接成本是

60 元，间接成本是 20 元。我们就需要仔细研究，实际成本中直接成本和间接成本的比例（60 ： 40）是否合理。

二是单价。

为什么要强调单价呢？这是因为：

第一，和别人讨价还价的时候能够拿出科学、有理的证据。

F 公司与某钢铁公司合作，将毛坯钢拿去加工，希望能将毛坯钢的 M 港离岸价格降低为每吨 146 美元。在与钢铁公司谈判时，钢铁公司的一名职员一边手拿资料，一边开始做成本分析：

根据我们的调查，贵司所在地是不产铁砂的，你们的铁砂主要来自美国东部的巴尔的摩，其原产地出厂价格每吨是 × × 美元；

你们走的是美国太平洋铁路，从巴尔的摩送到旧金山，每吨运费是 × × 美元；

你们认为过太平洋可以用便宜的船，我们调查的结果是，贵司用的是韩国的韩进海运，所以每吨运费、保险费、起吊费等一共是 × × 美元；

我们把 M 港的收费也查过了，到了 M 港下船的时候，应该再加 × × 美元；

听说贵司有五六百辆自用卡车，按照成本计算，从 M 港到工厂的运输成本是 ×× 美元；

贵公司的人工、制造费用和水电费用我们都查过了，你们的成本大概是 ×× 美元，你们做钢铁的毛利率是 20%，乘上 1.2，应该是 ×× 美元；

这次又用你们自己的卡车送回 N 港，所以再加 ×× 美元，总计 123 美元。

因此，毛坯钢的 M 港离岸价格，应该是每吨 123 美元。

所以说，在市场上不论是与人竞争，还是与人合作，都要把成本划分得明明白白，分析得清清楚楚。无论是在有人抱怨自己产品的价格过高时，还是在与合作伙伴谈判时，你都能娓娓道来，让对方心悦诚服地接受你的价格。

第二，自己对信息的收集越仔细，就越能知道自己什么地方做得不够或可能出现的疏忽，从而了解自己的成本是不是比别人高，以及高在哪里。

有报道说，南京某机场商品价格高得惊人：在机场一楼，一份一荤两素的普通套餐竟要价 38 元；大排面、盐水鸭这些普通食品的价格在 45 元左右；咖啡平均每杯的标价也在 40 元左右；小瓶的矿泉水要卖 6 元一瓶，而深圳宝安机场只要 3 元。

这个价格到底高不高呢？先看国外的机场：巴黎的戴高乐机场，候机厅内酒吧、快餐店、餐馆共有十几家，但不论档次高低，几乎所有饮食价格都与巴黎市内相仿；日本东京成田机场，仅在第二候机大楼内就有 35 家各种餐馆和 57 家商店，他们提供的各种商业服务的价格与东京市内没有多少差异，因为商家赢利不是靠卖高价，而是靠竞争。就算是与国内的机场比，北京首都、大兴机场，上海浦东、虹桥机场等的餐饮价格也比该机场便宜。

那么该机场价格为什么这么高呢？餐厅和机场各有说法。

该机场一家餐厅的主管认为有三个原因：第一，在机场经营餐厅的租金成本要比市区高得多；第二，由于离市区太远，餐厅员工都要住在机场附近，这又使运营成本大幅增长；第三，该机场的客流量比较小，决定了商家不可能采取薄利多销的经营策略。以某品牌盐水鸭为例，批发价 26 元，在该便利店售价为 50 元，后来有人专门做过实验，将 50 元的售价一直降到

30 元，购买人数几乎没有变动。

而该机场有关人士则认为，高价格是商家缺乏竞争所致。深圳宝安机场内商铺面积几乎占了候机楼总面积的 20%，这在全国都是首屈一指的，而该机场仅占 3% 左右。此外北京、上海、深圳机场的客流量大、商务人士多也是促使商家竞争的原因之一。北京大兴机场有麦当劳和肯德基连锁店的进入，这些国际化连锁企业所出售的汉堡、鸡翅等，与城区连锁店的价格一模一样。深圳宝安机场有 7-11 便利店进驻，里面的饮料、小食品也与普通超市价格相近。由于这些国际连锁企业的出现，旅客有了较多的选择，市场不再是卖方说了算，高价餐饮根本没有市场。

我们先不讨论餐厅和机场谁的分析正确，只是想通过此例来说明价格分析的意义所在。

执 行 要 点

在市场上无论是与人竞争，还是与人合作，都要把成本划分得明明白白，分析得清清楚楚。

进行产能分析

分析产能，最基本的就是结合劳动力或机器的负荷，看看现有的机器设备（包括数量和性能等）和人力资源（包括数量和人员素质等）是否相匹配，是否能实现成本最低或利润最大的目标。

我去过一些地方的餐厅，发现他们的服务员很少站着发呆，而且走路都很快，拿东西也很快，传菜也从来不是只拿一份，而是同时拿好几份。餐厅老板对人、桌、场地的配置是经过一番考虑的，200平方米的餐厅应该用几个服务员，每个服务员照顾几张桌子，这些都要做一个分配，也就是说要做产能分析。只有这样才能提高效率，降低成本。

订单增加时，要不要新开一条生产线？答案是，在订单增加量不太大且不能预计是持续增加的情况下，尽量不开。为什么呢？举个例子，假如原来生产线的开工率是90%，而一旦开了新的产生线并且新的生产线开工率是30%，那么生产线的平均利用率是60%，这意味着新的生产线的利用率达不到平均水平，这样看来是不合算的，还是不开为好。所以，有的制鞋工厂在订单增加20%的时候，他们宁可把订单分出去，也不盲目增加生产线。

因此，应该仔细计算一下机器和人工的负荷程度，把自己的厂房面积、人员、机器、订单全面盘点一下，你就会知道是否需要那么多人手，是否需要增加那么多设备，是否需要开设那么多门市，是否需要那么大的生产车间……

普通员工或许会问：产能分析和我有什么关系呢？如果你会做产能分析，那么你就能大概算出在当前的团队目标下，你的任务量是否合理，你手中的资源能否支持你完成任务，这样，你在和上司汇报工作进度、申请资源时才能有理有据，让上司信服并支持你。

执 行 要 点

分析产能，最基本的就是结合劳动力或机器的负荷，看看现有的机器设备（包括数量和性能等）和人力资源（包括数量和人员素质等）是否相匹配，是否能实现成本最低或利润最大的目标。

②

把目标细化到日常工作

所谓"细节"，是指动作、步骤、做法的规范。

规范每个动作

动作的规范包括动作研究和省工原理。

动作研究，就是要研究怎么做最省力、省时，最能提高办事效率。比如，在工厂里，每一个工人的动作是不是经过了优化？是否可以用最少的动作来获得最大的效率？下班的时候，工厂的机器和工具是否都摆放在指定的位置了？新员工来公司上班，电脑应该摆在哪里？文具摆在哪里？参考书摆在哪里？电话摆在哪里？办公室的电话铃声响了，响五六声才接听，人家会觉得反应太慢，所以标准的动作应该是响两到四声时，就要接听。

省工原理，简单地说，即我们的动作是怎么操作的，这样操作可以省多少钱、省多少力或者省多少时间。我们常说要降低成本，其实就是要节省费用、节省人工、节省时间、提高效率，实现资源的最优配置，那就需要把这些目标细化、分解到日常的行为或流程中。

执行要点

研究每个动作、步骤、做法的规范，分析怎么做最省力、省时，最能提高办事效率。

规范每个步骤

所谓步骤的规范，就是按照标准步骤的要求，一丝不苟、脚踏实地地完成目标，把对目标的要求细化到每一个步骤中。

我们先来看什么叫标准步骤。飞机在跑道上滑行的时候，地勤人员会拎着一个灭火筒，如果飞机在跑道附近发生意外，在没有大面积燃烧和发生爆炸以前，这个灭火筒可以发挥很大的功效。此外，飞机停在停机坪上时，工作人员会用一些保护装置来保护它，比如止轮块、空速管等，当飞机要起飞时，这些装置必须被移除。为了提示，人们会在这些装置上系上红丝带。所以，如果飞机身上飘着红色的丝带，表示这架飞机正在进行检修作业，不可以起飞；如果红丝带被取下，就表示飞机的地面工作都处理完了，可以起飞了。航空公司还有一个统一的规定，当飞机准备起飞时，地面有两名地勤人员，一名扬手，另一名举起一根红色飘带，提醒机组人员在起飞前要拔出转弯销。这些都是标准步骤，其实就是细节问题。

有一个词叫作 SOP（Standard Operation Procedures），意思是按照标准步骤去做。这里涉及几个问题：第一，这个标准步骤是否已经确立；第二，这个标准步骤是否量化到细节；第三，有没有不断地坚持这个细节。很多企业都认为自己已经有标准作业程序，问题是能不能做到以上三点，并真正落实到细节中去。

再来看一下什么叫严格要求。

有一次，某航空公司在修理一架客机时，发现右边机翼上的第三个叶片有问题。为了防患于未然，他们把公司另外几架相同机型的飞机统统调出来，检查机翼上的第三个叶片，看看有没有类似的现象。

有了标准，还要有严格的要求，要求人们关注流程中的每一个步骤和每一个细节，严格遵守规范。

执行要点

所谓步骤的规范，就是按照标准步骤的要求，一丝不苟、脚踏实地地完成目标，把对目标的要求细化到每一个步骤中。

寻求科学的方法

所谓规范做法，就是用科学的方法实现效率的提高。

举个最简单的例子，很多人都比较头疼记英文单词。单词这么多，有的还这么长，怎样才能把这么多单词背下来呢？有经验的人不会一个字母一个字母地背，他们有很多种有助记忆的方法，比如用自然拼读的方法去记，用词义联想的方法去记，借助艾宾浩斯记忆曲线去巩固记下的单词，等等。

不要觉得自己比别人更聪明或者更勤奋，也不要期盼自己比别人幸运，从智力和机遇上说，大家都是差不了多少的。要想记得快、记得准，就一定要掌握科学的方法，掌握做事的技巧，以提高效率。

掌握科学的方法，听起来感觉道理很简单，但是大多数企业在执行和落实的时候，做得并不到位。

比如，在汽车站或者火车站，每一天都有人坐错车，你可能会说这很正常，这么多车，这么多乘客，而车站的人手又是有限的，出点差错是免不了的。其实这是可以改善的，而且并不需要增加人手或者其他的成本就可以做得更好。

我在国外曾见过这样一个火车站，车站有地上、地面、地下三层，16个进出口每天进出二三百万人，但是很少有人坐错火车，因为自动售票机售出的车票颜色与月台地面圆圈的颜色以及要乘的车的颜色是相同的。所以拿蓝色车票的乘客，在有蓝色圈的月台上，等待蓝色火车；拿咖啡色车票的乘客，在有咖啡色圈的月台上，等待咖啡色火车。这保证了车站一天进出那么多人，却很少有人坐错火车。

同理，我们的银行、医院、超市、餐厅是否经常在想如何用科学方法去提高效率，并且在操作过程中并不需要付出太大的代价？

我出差时，住在某酒店里，吃早餐的时候经常发现有一个人负责煎蛋，很多人围在那里。一位客人问："这个煎蛋是我的吗？"煎蛋的人说："不是。""那个蛋是我的吗？"煎蛋的人说："也不是。""那么哪个蛋是我的？"煎蛋的人说："还没煎。"这位客人就走了，等拿了豆浆、油条和稀饭之后，又回来了，接着问："这个蛋是我的吗？"回答："不是。""那个蛋是我的吗？"回答："也不是。""那到底哪个蛋是我的？"回答："我也不知道。"只见客人拿了一个生鸡蛋往那人面前一摆，说："这个蛋是我的。"然后就到旁边去吃

他的早餐。等他再回来的时候问："我的蛋呢？"那个
煎蛋的人还是说："不知道。"

这种情况可以用科学方法来改善：在每一张餐桌上面放一个
小杯子，里面有几个小夹子，每一个小夹子上面应该有相同的号
码。比如说这是第 16 桌，小夹子上面就都有阿拉伯数字 16，那
么这一桌的人就可以拿着小夹子，到煎蛋的地方说"这是我的夹
子"。煎蛋的人面前摆着一个长板子，夹子都在那上面排队，他
煎完蛋以后就会把夹子依次放在相应的碗或者盘子边。你只要看
到盘子旁边的夹子是 16，就可以把那个煎蛋拿走，即便你没有
拿，别人也不会拿的。

现在，我们已经明确了一点，就是实现目标要从细节上去寻
求方法，如果在细节上没有方法，这个目标将很难实现。所以目
标通常要附带方法，没有方法的目标永远都是一个假的目标。那
么，我们怎么寻找科学的方法呢？当然有很多了，我们在这里也
只强调一点，就是"每天进步一点点"。

执 行 要 点

任何事情都能用科学的方法实现效率的提高。我们要
多寻找科学的、不需要付出太大代价的方法。

③
一步一个脚印地实现目标

在目标执行的过程中，需要对目标的每个步骤、每个环节、每个阶段的执行情况进行强化，然后才能逐步达到最终目标。简单说，也就是通过每天进步一点点，一步一个脚印地实现目标。

著名的浙商代表人物鲁冠球有个信条：一天做一件实事，一月做一件新事，一年做一件大事，一辈子做一件有意义的事。

有很多人非常急躁，什么事都想做，结果欲速则不达。善于思考的人，通常不是一步到位，而是每天都比前一天做得更好。

比如，跑100米不可能像撑竿跳一样，一下子就跳过去。100米的终点处有一根红绳，那就是目标。而具体实施中，100米应该分为五段，每一段怎么跑、跑多久都应该有所安排，尤其是在起跑线上，手怎么摆，脚怎么迈，眼睛怎么看，甚至屁股怎么撅起来，都非常重要。

你是否经常听到类似这样的话："蔡老板又没有签约。""李先生看了好几回车子了，却都不要。""这房子骆先生又不要。""这件洋装李小姐摸了好几次，就是不下手掏钱。"这些抱怨中提到的都是目的，却忽略了更重要的事：每一次有没有更进一步？上一次，李小姐来摸这件衣服，下次她再来的时候，你又做了什么？成功的人会在自己前进的每一步上都经营筹划，不断进步。

比别人多走一步

我曾经去过广西桂林的一家酒店。在入住的时候，我发现桌上留了一封信，里面写着欢迎我入住，还写了另外一件事情：我第二天早上吃早饭的地方在哪里，我的桌子已经订好了，桌子的号码就写在上面。我住过一两百家酒店，但连早餐桌的桌号都写上的，就只有这一家。至今我对这家酒店还有印象。

这是服务方式上的"深耕"，每天让自己进步一点点，为顾客多想一点，服务就能往前多走一步。

有一家汽车修理厂规定，客户的汽车在路上出了故障，如果是在晚上，而且是在很远的山路上，修理厂的人通常要开两辆车过去，一辆工作人员自己用，另一辆让客户开。等车修好之后再到客户那里去换。

无独有偶，一家洗衣机经销商的经营之道也是这样的。客户的洗衣机坏了，维修人员来时开着他的小货车，上面装着洗衣机（多数时候是新的），检查之后，

> 如果不能当场修好，维修人员会对客户说："您的洗衣机需要返厂维修，我们给您一台洗衣机，您先用着。"

现在这样的服务比较常见了，尤其是家电行业，可在好几年前，如果能这样做，就是多走了一步。

很多酒店的房间里都有个"请勿打扰"按钮。客人按下这个按钮，房门上就会亮起一盏灯，表示"请勿打扰"。但我想到一件事情，客人没有睡觉，或在房间里等朋友时，一般不会打开"请勿打扰"的灯。如果进了洗手间，刚刚坐上抽水马桶，此时有人敲门，客人怎么办？一般酒店没有考虑到这一点。

我在大连时，发现有一家酒店居然做到了。酒店客房抽水马桶的旁边有个按钮，上面写着"请稍候"。所以客人如厕时听到敲门声，就可以按那个按钮，房门外面的灯就亮了，上面显示"请稍候"，来访者就能知道客人正在洗手间里。

再如，客人离开酒店时，若酒店经理对客人说一声："先生，这个酒店您住得还习惯吗？这两天还舒服吗？睡得还好吧？真希望下次再看到您。"这样的服务，能没有回头客吗？比别人多走一步，需要自己多动脑筋、多思考，为客户提供更完善的服务。

如果企业在出现问题以前，员工就先告诉客户可能出现什么问题，并为客户提供应对措施或补救方案，客户会有什么样的想法呢？然而，大部分企业都不会这样做。他们多半是等到客户发现问题，打电话过来询问，才在电话里一直道歉，甚至讲出一大堆莫名其妙的理由。请问，有几个客户能对这样的企业满意呢？

执 行 要 点

在服务上深耕，每天让自己进步一点点，为顾客多想一点，服务就能往前多走一步。

比对手做得好一点

有企业家说过一句话：要成为领跑者，无论从事什么行业，都要比竞争对手做得好一点。

麦当劳对薯条中淀粉和糖的含量有严格规定，如果不合当地的土豆标准，那就宁可用冷冻集装箱，把符合标准的土豆运来。这是麦当劳不能够被别人替代的原因之一。

王先生去山东青岛出差，住进了一家酒店。酒店的床上有这么一张卡片，上面写道："我们酒店提供不同种类的睡枕供您选择。"原来这个酒店的客人还有权利挑选不同的枕头，王先生马上翻转卡片看看能提供什么样的枕头，卡片背面写着："本酒店为了能使您有更好的睡眠，提供了不同种类的睡枕供您选择，有泡沫枕、磁性颈椎枕、荞麦皮枕等，另外还有儿童睡枕、超级睡眠枕等。"王先生在他们酒店住了三个晚上，每天晚上换用不同的枕头，第一天晚上用了泡沫枕，第二天晚上用了磁性颈椎枕，第三天晚上用了荞麦皮枕。

只是多了几种备选的枕头，就能让客人感觉到宾至如归，从而使自己在众多竞争对手中脱颖而出。像这样只需多花一点心思，就能取得很大效益的事，何乐而不为呢？

执 行 要 点

要成为领跑者，无论从事什么行业，都要比竞争对手做得更好。

在市场上多赢一点

旅客在机场候机或转机的时候，是不是会觉得没有什么事情可做？新加坡机场就想到了这一点：它提供电影院让旅客看电影，提供床铺让旅客休息，甚至有人帮旅客擦皮鞋……这就是旅客在新加坡的机场可以享受到的服务。

如果一个四川人坐国泰航空时想吃一碗红油抄手，或者一个无锡人想来一碗无锡排骨，没问题，旅客可以先点菜（当然要多付一点费用），到了飞机上就可以吃到自己喜欢的菜品了。

旅客下飞机之后发现行李延误了，怎么办？只要旅客留下地址和电话，法国航空承诺一定会把行李尽快送到家。

正是因为新加坡机场、国泰航空、法国航空能够多走一步，做好一点，所以它们才能在市场上多赢一点。其他行业也是如此，只要多下一点功夫，就可以领先对手。

宝洁和联合利华都生产洗衣粉。双方都很明白，在美国的洗衣粉市场里，增加一个百分点的市场份额就是6000万美元，所以双方竞争得异常残酷。双方都宣称自己的洗衣粉可以把衣服洗得很干净。达到这个标准以后，接下来的竞争焦点是：洗衣粉不但能把衣服洗得很干净，而且能让其颜色亮丽，就像新的一样。

那么，还有什么招数能想出来呢？联合利华想出了一招，它把洗衣粉做成像方糖一样，并且标明洗衬衣用一块、洗牛仔裤用两块、洗大衣用三块。以前的洗衣粉都是粉末状的，用户在倒洗衣粉时往往掌握不好用量。现在用联合利华的洗衣粉像丢方糖一样，而且它同样能够迅速溶解。这种方块糖状的洗衣粉一推向市场，它的市场份额马上攀升。宝洁也迅速行动，三个月以后推出了宝洁块状洗衣粉，也做得像糖块一样。

谁能比竞争对手多走一步，谁就能赢得市场。对个人来说也是如此，你不需要十全十美，只要比别人强一点就足够了。比如，在学校里排名次，如果98分是第一名，那么你只要得到98.5分就是新的第一名了，也就是说你不需要得99分或100分，而只需要多0.5分就可以成为第一名。在商界中，有时候想赶超竞争者，可能不需要设立多么宏伟的目标，只需要比竞争对手多走一步、做好一点、多赢一点，就可以占据优势。

执行要点

想尽办法比竞争对手多走一步、做好一点、多赢一点，你就可以占据优势。

第五章

沟通让执行更有效

在企业内，沟通的障碍无处不在，只有扫除这些障碍，推倒阻隔部门沟通的壁垒，才能使员工在工作执行中顺畅自如，提高执行效率。执行力强的员工有主动沟通的习惯，这样可以加强部门间的合作，加快项目进度。

沟通不是一种本能，而是一种能力。也就是说，沟通不是人天生就具备的，而是在工作实践中培养和训练出来的。在工作中，我们经常看到，执行不到位的原因，往往是沟通不到位，以致误解或没有理解别人的想法，也得不到别人的理解和支持。在执行过程中，沟通是员工必备素质之一。要想成为一名具有执行力的员工，首先需要与上司、同事、客户、合作伙伴等建立良好的人际关系，沟通是提升这些人际关系的重要手段。

有执行力的员工主动回报

回报，就是回头报告的意思。上司交代给你办一件事，你是否非要等到上司问你进展情况时才回答呢？为什么不提前主动地回报呢？回报是一种主动的反馈（见图 5-1），而不是等他人

问起时才被动地回答。如果一切都等上司来问，员工的能力就
要打一个很大的折扣。因此，想让自己变得有执行力，首先应
该培养自己主动回报的习惯。

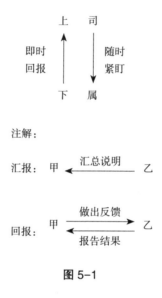

图 5-1

如果甲有一件事要求乙去完成，乙对甲要报告结果，我们通
常用一个词，叫作"汇报"。其实汇报和回报的意思是不太一样
的。回报不单是指汇报，它是一种良性反馈，强调的是主动性。
作为下属，你要把自己的工作动态随时向上司回报，其目的有两
个。第一，让你的上司放心。上司把任务交代给你，并不知道你
做了没有、做得如何，所以每到一个阶段你就回报一下，让上司
放心。第二，万一有问题，你可以不断地及时修正。发现执行中
有问题，修正还来得及。但很多员工都是等到上司来问才汇报，

到那时才发现问题和错误，后悔都来不及了，这就是没有养成回报的习惯造成的。

有一个客户打电话要找许小姐，接电话的是李小姐，李小姐回答说："对不起，许小姐出去了。您方便的话请留下电话，等她回来时让她打给您。"对方留下了电话，可是许小姐那天下午一直到下班时间都没有回来。这件事发生在很多年以前，当时不像现在这样有各种能随时联系上对方的渠道。

于是李小姐又打电话给那个客户，说："卫老板，许小姐到现在都没有回来，我们快要下班了，您看需不需要我想办法今晚找到她，然后让她打电话到您家去？或者等到明天早上告诉她，让她一大早就打电话给您？"卫老板说无论如何都叫许小姐当天晚上给他打一个电话。结果那天晚上李小姐最终找到了许小姐，晚上8点钟许小姐就打电话给卫老板了。

后来卫老板将此事告诉了公司的总经理，总经理对李小姐留下了很深刻的印象。作为客户，卫老板从此也非常信赖李小姐。

仅仅是一个小小的回报，就能够给客户一种完全不同的感觉。但是平时很多人根本就没有回报的习惯，出了问题的时候往往会讲："我以为你知道""我以为梁厂长会拿过来""我以为左先生去了""我以为姚小姐她不要"……找各种借口为自己开脱，这是沟通的大忌。一个执行能力强的人，一定会主动回报自己的工作进度，做一个让上司放心的下属。

　　我总是主动向上司报告自己的工作进度。我在日本航空公司工作时，有一次，有四个东京的本部长要到我国台湾东边的一个小岛南屿去度假。那个岛很小，上面只有两家酒店，而他们要四间连在一起的套房，还要面对太平洋。我打电话去问，一间都没有，我马上回电给东京，那个时候还只能发电报，说一间都没有，但我会努力去找。东京回答了两个字："了解。"然后我努力沟通，终于找到了两间，两家酒店各一间，我马上回电东京："现在找到两间，可惜不在同一家酒店，但我还是会继续努力地找。"东京的回电仍然是"了解"两个字。我继续沟通，关注酒店是否有人退房，终于有一家酒店空出了三个房间，但仍缺一间。我回电给东京，回答依然是"了解"两个字。

我坐飞机飞到南屿。到达后，我问服务员："我订的这三间房旁边的那个房间是谁住的？""那是一对夫妇，马上要来度假，今天下午就要入住。"服务员回答。

我就坐在饭店大厅等，直到那对夫妇到了，我马上走过去说："您好，我们公司有个团建活动，需要订四间连在一起的房间。现在只有三间空房，正好在您的房间旁边，您能不能让给我？"男的说："我凭什么让给你？"我说："我替您在隔壁酒店找了一间套房，也面对太平洋，可以看到夕阳、波涛，远处有千帆点点，而且免费。"他很疑惑地问："真有这回事？""对，我一定要您的房子，拜托您了。"我诚恳地说。于是他跟着我去了另一家酒店看了那个房间，然后和我换了。

我回电给东京："四间套房全部找到，在南屿的××酒店，三楼，连在一起，面对太平洋。"东京回电"谢谢"。

我多次回电给东京，主动报告我的工作进度。当然，那个"免费"的套房是我自己掏的腰包，别人并不知道。可是我愿意做这件事，因为我很快就得到了晋升的机会，这种投资是值得的，这是做事情的精神。

可能有人会觉得，在过程中不停地报告很多余，只要最后找到四间房不就行了吗？那时候再报告不就可以了？但我们考虑一下最糟的情况——没在规定时间内找到房间。在过程中不断报告进展，有助于对方了解我这边的状况，如果实在找不到符合要求的房间，对方也能及时调整自己的计划与安排。而如果你一直不报告，等到对方都出发了，你才说找不到合适的房间，这是职业化的做法吗？若你和对方易地而处，对方到最后一刻才告诉你他无法完成你的要求，你又会怎么想？

作为员工，你有多少次主动报告你的工作进度，让上司知道，让上司放心？对上司来说，管理学上有句名言：下属对我们的报告永远少于我们的期望。可见，上司都希望从下属那里得到更多的报告。因此，做下属的越早养成这个习惯越好，上司一定会喜欢你这样做的。

执 行 要 点

> 要把自己的工作动态随时向上司回报，这样既可以让上司放心，又有助于及时发现问题，并及时修正。

在与平行部门或同事沟通时，你可以用故意反问的方式来获得回报。比如："老韩，昨天下午我拜托你的事情有结果了吗？""啊，对不起，我忘了。""那今天中午以前能不能给我答案呢？""应该可以吧。"中午 11 点半的时候再问一遍："老韩，现在离 12 点还有 30 分钟，那个答案不知道出来没有？""啊，对不起！我 12 点前一定给你。"当大家都知道你有紧盯到底的习惯时，他们就会优先把你拜托的事情做好，这就叫作让他人养成回报的习惯。

不单我们交代别人的事要求回报，同样别人交代我们的事也要问清楚。如果有人要求你去买一个笔记本，你应马上询问，笔记本是要空白的还是有格子的，对方可能会说两种笔记本都可以。

"那意思就是随便选一种了？"

"是的。"

"100 页的还是 50 页的？"

"我希望是 100 页左右。"

"是硬壳的还是带皮面的？"

"还是普通的吧。"

只要把该问的话都问到了，对方肯定不会挑理了；否则，如果买了空白的笔记本，对方却希望是有格子的，你还会怪对方事先怎么不讲清楚。事实上，不是对方不讲，而是因为你没有问。

所以，事前问清楚，事后负责任，这是有效沟通非常重要的基础和应该养成的良好习惯。

事前问清楚，事后负责任，这是有效沟通非常重要的基础和应该养成的良好习惯。

2

勤与上司沟通，确保正确执行

作为员工，你总得和领导沟通，畏缩或逃避永远不能解决问题，所以以积极的心态与上司沟通很重要。

勤与上司沟通，可以扫除沟通的障碍，使执行顺利进行。经常与上司沟通，才能确保自己是在正确地执行上级的意图和决策。

一个替人割草的外国男孩请他的朋友替他给一位老太太打电话。电话拨通后，男孩的朋友问道："您需不需要割草？"

老太太回答："不需要了，我已经有了割草工。"

男孩的朋友说："我会帮您拔掉花丛中的杂草。"

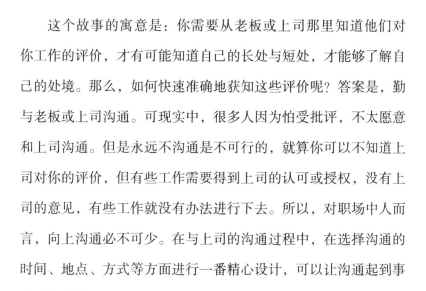

老太太回答："我的割草工已经做了。"

男孩的朋友说："我会帮您把走道四周的草割齐。"

老太太回答："我请的那个割草工也已经做了，他做得很好。谢谢你，我不需要新的割草工。"

男孩的朋友挂了电话，接着不解地问男孩："你不是就在老太太那儿割草打工吗？为什么还要打这个电话？"

男孩说："我只是想知道老太太对我工作的评价。"

这个故事的寓意是：你需要从老板或上司那里知道他们对你工作的评价，才有可能知道自己的长处与短处，才能够了解自己的处境。那么，如何快速准确地获知这些评价呢？答案是，勤与老板或上司沟通。可现实中，很多人因为怕受批评，不太愿意和上司沟通。但是永远不沟通是不可行的，就算你可以不知道上司对你的评价，但有些工作需要得到上司的认可或授权，没有上司的意见，有些工作就没有办法进行下去。所以，对职场中人而言，向上沟通必不可少。在与上司的沟通过程中，在选择沟通的时间、地点、方式等方面进行一番精心设计，可以让沟通起到事半功倍的效果。

任何地点都可以沟通

不要以为沟通一定要在会议室，任何时间、任何地点都可以沟通。这里有一个经验值得借鉴：上司很忙，但再忙总得下班回家吧。对于一些只需要简单回答"是"或"否"的问题，就可以随时随地沟通。比如到停车场等候上司，请示他的意见，他一般会简短地说："好吧，就这么办。"这些只需要上司讲一句话的事情，在任何时间和场合都能沟通。

有一次我们董事长要去打高尔夫球。中午他拎着球袋，我知道他要去打球了，就对他说："董事长打球啊。"他说："哎。"

"我跟您一起去。"

"你也打球啊？"

"不，见习见习。"

跳上车以后，我就把笔记本打开了，说："董事长，上次那个加薪的方案，您原则上同意，但是您一直没有确定百分比，您看 5% 怎么样？"他说 5% 多了一点。

"那 4.5% 呢？"

"好吧，加薪 4.5%。"

"董事长，您说我们的车床应该换新的，那么有日本的、德国的、美国的，根据我的调查，德国的最贵但是性能最好，美国的最差但是价格最便宜，您看我们干脆买一个位于中间的日本的，还是买一个德国的呢？"

"就德国的好了。"

"好，德国的。董事长，我还有一个问题，我们打算派五个人出国考察。您看这五个人是我来决定呢，还是您告诉我名单？"

"你决定吧！"

"定下来后要不要告诉您呢？"

"跟我讲一下就行了。"

"那我明天早上把名单给您……"

…………

我一共与董事长沟通了七件事情，车就到了高尔夫球场门口了。

"董事长，祝您打球愉快！"

"你不是要见习吗？"

"董事长，我今天突然有别的事情，改天见习。祝您打球愉快！"

董事长可能这辈子都没有看到该下属见习打球，下属其实是要跟他沟通。其实在任何时间、任何地点都可以沟通，只要能够有机会和上司讲话。问题是时间和地点要自己确定，不是等上司下命令。等上司下命令，永远都不会有机会。

执 行 要 点

> 沟通不一定非得在办公室，在任何地点都可以进行。

毫无怨言地接受任务

最完整的人事规章、最详细的职务说明书，都不可能把员工应做的每件事都讲得清清楚楚。假如一位重要的客户要过来，为表达诚意，公司要派人去接他。这是临时的事情，职务说明书里是不会有的。被指派的人如果说："凭什么要我去？我已经下班了，我入职时，你们有没有讲过要这样做？"如果这样计较，被指派的人在公司里是很难出头的。临时的事是一定要有人做的，你要一口答应，并且要毫无怨言。如果你毫无怨言地去做，你的上司会非常感激你，他即使当时不说，也会利用另外的机会表扬你、奖励你、回报你。

我在某机场当货运部督导时，客票部的一个女职员妊娠反应很严重，分部经理就对我说："客票部的梁小姐最近身体很不舒服，你可不可以顺便帮她开开客票？"其实我是搞货运的，对开票不太懂，但他认为我是一个硕士，稍微学一学也就会了。于是我就说："没问题。"没过多久，负责包机业务的王主任调到台北，分部经理又告诉我说："机场最近很忙，上面一时还没有派人，你是否可以帮忙做做包机啊？"我说没问题。再后来，分部经理也调到台北去了，我就升职了，因为客票、包机、货运、仓储我都懂行。

人不要太斤斤计较。中国有一句话：吃亏就是占便宜。这是很有道理的，因为你在一个地方付出了，会在别的地方得到回报。一家公司的成功离不开全体员工的努力，你要毫无怨言地接受任务。

执 行 要 点

临时的事是一定要有人做的，你要一口答应，并且要毫无怨言。如果你毫无怨言地去做，你的上司会非常感激你，他即使当时不说，也会利用另外的机会表扬你、奖励你、回报你。

主动提出改善计划

部门进步或公司进步，就是每个人对自己的工作、自己的流程、自己的业务主动地提出改善计划的成果。

这是最难做到的事情。如果你的上司说："各位，我们来研究一下，工作是否可以这么做？"严格说来，这样的话，不应该由你的上司来讲，而应该由你来讲。当你在做一项工作的时候，每过一段时间，你应该想一下，这项工作可不可以那样做。如果你是你所干工作的专才，而你的上司不是，但他提出了改善计划，想出了改善办法，你应该羞愧。如果上司说，"公司请你来，是要你来管理和提高生产效率，你还是这方面的专家，可还要我来替你改善流程"，那你应该好好想一想，要养成不断思考改善工作流程的习惯。

我们谁都不敢说自己的工作流程很完善，事实上，任何一个工作流程都不会十全十美，都有改善的可能。如果大家都不去改善，而你做到了，你就会得到上司的赏识。

执 行 要 点

部门进步或公司进步，就是每个人对自己的工作、自己的流程、自己的业务主动地提出改善计划的成果。

给上司的答案最好有三四个

向上司请示工作的时候，一定要准备好答案，而且不止一个答案。如果你没有自己的想法，你的上司多半会在心里想：什么工作都要我来想办法，我还要你干吗？

值得强调的是，给上司的答案最好有三四个，因为只给一个答案，就是"将军"，好像非要上司同意不可，这样做是不负责任的。员工应该提供三四个方案，让上司做选择。还要注意的是，你要在上面注明你倾向于选择第几个方案，否则你又会落下一个"把柄"在上司手中：你当一个专业主管，当一个职业经理人，难道自己没有意见、没有想法吗？下属与上司沟通，不但提出几个方案，还能对每个方案的优缺点和可能的后果进行分析，才是真正负责任的做法。

执 行 要 点

向上司请示工作，要准备好答案，而且答案最好有三四个，否则就是不负责任。

让上司做选择题而非问答题

一个善于思考、做事负责的员工，应该是带着答案、准备好对策去请示上司的。我们与上司沟通时，应当尽量不要提"问答题"，而要多出"选择题"。

比如你想请示董事长抽时间开个会，如果你说："何总，您看什么时候开会比较好？"那就意味着永远没有答案了。其实你应该善于给董事长出选择题，比如：

"何总，您看明天开会怎么样？大家想沟通一下。"

何总说："明天没空。"

"那么，何总，您看后天怎么样？"

何总没讲话，你就接着问："后天早上怎么样？"

何总说："后天早上有点困难。"

"那么何总，后天下午3点，您看怎么样？"

何总说："好吧，后天下午。"

"何总，我到了明天下午会提醒您，到了后天上午会再提醒您，您看可以吗？"

何总点头同意。

不要指望上司给你答案，你要学会自己安排时间或地点，然后尽量给上司出"选择题"，不要出"问答题"。

执行要点

　　我们与上司沟通时，应当尽量不要提"问答题"，而要多出"选择题"。

③

推倒部门墙，沟通更顺畅

　　什么是水平沟通？水平沟通指的是平级部门之间的沟通。平级部门之间沟通经常缺乏诚意，没有肺腑之言，没有服务及积极配合意识，所以水平沟通存在很多障碍，最常见的就是"踢皮球"。

　　在企业内，这样的障碍无处不在，只有扫除这些障碍，推倒阻隔部门沟通的壁垒，才能使员工在工作中顺畅自如，提高执行效率。执行力强的员工有主动和其他部门沟通的习惯，这样可以加强部门间的合作，加快项目进度。

主动与其他部门沟通

　　工作能力一向出色的小王被提拔为物料部经理。正式上任以后，小王开始到各个部门逐一拜访。他对财务部的罗经理说："罗经理，我们物料部和你们财务部以后有什么衔接不太好的地方，您尽管说，以后一定请多指教。"他对人事部的李经理说："李经理，我们物料部下一年度的招聘计划，还请您多把把关。"……

有些人的做法却恰恰相反。营销部的小杨也升职做了部门经理，升职以后，小杨并没有去各部门主动沟通，而是每天坐在大办公桌后面，等着别人来向自己恭贺升迁之喜或者汇报工作。

试想一下，他们两个人哪一个在公司会更受欢迎？答案很明显。一年以后，小王被提为副总，小杨又回到了他的小隔间。

同是新主管，小王是有意识地主动与他人沟通，小杨则是"躲进小楼成一统"，而后者的做法是目前多数干部在升职以后容易犯的毛病。公司提拔主管，是要主管在自己的位置上能和别的部门不断沟通以提高工作业绩，而不是要把主管摆到某个位置上任其孤芳自赏。因此，我们一定要学会主动与其他部门沟通。

执行要点

只有推倒阻隔部门沟通的壁垒，才能使员工在工作中顺畅自如，提高执行效率。

水平沟通时以双赢为前提

"双赢"，英文翻译为"win-win"，也就是大家都赢，彼此都有好处。如果一件事情能达到双赢的效果，那么对方会更容易接受。

打个比方，你拿出一个方案跟别人说："哎，老谢啊，这件事情这样做对你有好处。""对我有好处？难道对你就没有好处吗？"对方会认为你很虚伪，不够真诚，自然也不会信任你。

相反，如果你说："老谢，这件事怎么看对我都有好处。""光对你有好处，还好意思说，那我跟你合作又有什么意义呢？"——人家又会这么想。所以，这两种讲法都不合适。

假如你换个说法："老谢，这对我们两个都有好处，是一件双赢的事情。"这时候，对方就会有兴趣听你分析这件事情如何能双赢。

所以，我给大家的建议是：充分权衡事情的利弊，把你和对方的利益都评估一下，只要能证明是双赢的，这件事情就好办。与平行部门沟通的时候一定要双赢。

会谈判的人知道什么时候讲什么话、什么条件可以交换、什么条件一定要坚持，这样谈判才会成功，让双方达到双赢。

晋文公和秦穆公将要出兵围攻郑国，郑国国君派大臣烛之武去说服秦王退兵。

当天夜晚，烛之武见到秦王，对秦王说："秦、晋两国围攻郑国，郑国迟早是要灭亡的。如果灭掉郑国对您有好处，那么我怎敢再拿这件事来麻烦您呢？越过晋国把边远的郑国作为秦国的边邑，您知道这是有困难的，而且您怎么会情愿让郑国灭亡来增加邻邦晋国的领土呢？邻国的国土面积大了，国力雄厚了，您的国力就会相对削弱。假如放弃灭郑的打算，那么，秦国使者途经郑国，郑国可以随时供给他们所缺乏的东西，对秦国来说也没有什么坏处。而且您曾经对晋文公有恩，他也曾答应把焦、瑕二邑割让给您，然而，他却暗地里筑起防御工事。郑国一旦被灭，将成为晋国东部的边邑，而晋国又想扩张西部的边邑。所以，晋国迟早会损害到秦国的利益，秦国受损，晋国就会受益，希望您仔细想一想！"

秦王听后如梦初醒，对烛之武的建议深表赞同，就与郑国签订了和约，率军回国。

从这则古代故事里我们可以看出：要说服对方接受自己的提议，不仅要说明自身的利益，还要站在对方的立场上告诉他，如果接受提议，他会得到怎样的好处。

如果烛之武只是乞求秦王放郑国一马，而没有顾及秦国的利益，那么他说得再动情、再可怜，恐怕秦王也不会理会他。

执 行 要 点

> 要想说服对方，就要以双赢为原则，就是彼此都有好处，这样对方才容易接受。

自己先提供协作，再要求别人配合

人都是先帮助别人，才有资格叫别人来帮助你，这就叫作自己先提供协作，再要求别人配合。

有一次我出差，在机场看到一个很漂亮的高尔夫纪念品，就把它买回来了。其实我不打高尔夫球，但我们公司的财务经理很喜欢打高尔夫球，我要把那个纪念品送给他。后来我得知税法修订了，马上买了两套修订版的税法送给他。我当然知道，他若要求公司买，公司也会买，但是我买了两套送给他，感觉就不一样了。结果有一次我的原料商对我说，我们公司给他们的开票周期太长，他们都不想把好的材料给我们了。没有好的材料哪能做出好东西？我就和财务经理商量："对方说我们每次开票，开三个月的久了一点，好的铁砂不想卖给我们了，你看开两个月怎么样？"

他愣了一下说："当然。只要董事长没有意见，我就没有意见。"

"太好了，我刚才向董事长汇报过，他说只要你没有意见他就没有意见，既然你们两个都没有意见，那么就开两个月的吧。你看怎么样？"

"好吧。"财务经理答应了。

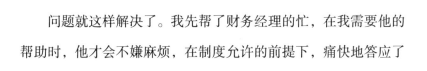

问题就这样解决了。我先帮了财务经理的忙，在我需要他的帮助时，他才会不嫌麻烦，在制度允许的前提下，痛快地答应了我的要求。

企业中每一个部门的繁忙时间都不太一样，总是一些部门很忙，另一些部门比较轻松。

在当今强调团队精神的时代，企业的成功要靠整个团队。团队成员需要良好地协作，也需要互相帮助。一个人不忙时，要主动帮助他人，这是一种团队精神。在麦当劳，如果没人扫地，店长也会去扫地，并帮客人点餐。如果有一队排得很长，其他队人很少，一定会有店员说：那边的客人请到这边来。麦当劳文化的一个重要特点就是快速地服务，做到这点的一个重要原因就是员工能够在不忙的时候主动帮助他人。

今天你帮助别人，不仅是一种积极的工作态度，也对你自己有利，因为当你也需要别人的帮助时，别人也会来帮你。如果一个人只顾自己，那么这个人在组织中的沟通一定有问题，其执行力就会大打折扣。

有一个人做了一辈子善事，死后被批准进入天堂，天使带着他走在去天堂的路上，正好路过地狱的门口，天使问他："要不要去地狱看看？"他说："好！"于是他们就走进了地狱。

地狱的每个人都饿得面黄肌瘦、瘦骨嶙峋，来了人连眼皮都懒得抬一下，一个个无精打采、有气无力。正好开饭时间到了，两个天使抬过来一大盆味道鲜美的汤，里面是各种海鲜，还有很多新鲜的蔬菜，香味扑鼻，令人垂涎欲滴，每个人还得到一个面包。

看到地狱开饭了，天使就带这个人出门向天堂走去。

　　路上，天使介绍说，天堂和地狱吃饭是有规矩的，每个人都必须严格遵守，每个人每天只有一个面包，汤却管饱，愿意吃多少都行，愿意喝多少都行，愿意吃稠的尽管吃，愿意喝稀的尽管喝。

　　这个人心里纳闷：这么好的生活，地狱里的人怎么会饿成这样呢？他刚要问，天堂到了。

　　天堂里也刚开饭，这个人更觉得奇怪了，天堂里的伙食远不如地狱丰盛，每人一个面包，也有一大盆汤，但汤里只有几样蔬菜和一些鱼肉。可是，天堂里的人个个容光焕发、神采奕奕，人人心宽体胖，高兴得合不拢嘴，见他们进来纷纷热情地招呼他们吃饭。

　　开始吃饭了，每个人拿着一个一米多长的大勺子，大家兴高采烈地相互帮忙，两个人面对面坐在桌边，你喂我，我喂你，一会儿工夫，大家就都吃饱了。饭后，大家快乐地忙起各自的工作。

　　这个人再也忍不住了，问天使："为什么天堂的饭菜一般，每个人却既健康又快乐，而地狱的饭菜那么好，他们却饿得皮包骨，还不快乐？"天使说："都是勺子惹的祸。"

　　天使进一步解释："咱们这里有规定，无论天堂还是地狱，都发一米多长的大勺子，而且喝汤时，都只能用勺子。你想，勺子把比胳膊长那么多，谁能自己用勺子把饭递到嘴里呢？"

这个人终于明白了，在天堂里人与人之间互相帮助是很自然的事，所以大家都过得很好；但地狱里的人不懂得这个道理，谁也不想让对方比自己过得好，谁也不首先帮助别人，所以大家就只有一起挨饿了。

这虽然是个编造的故事，却告诉我们人与人之间相互帮助的重要性。我们只有先帮助别人，才有机会让别人帮助我们。当旁边的人做得不太好，或你不是太忙的时候，你应伸出手帮上一把。你这样做，受帮助的人不但会感激你，而且在日后你需要帮助的时候，他也会义无反顾地帮助你。

我年轻的时候有这样一个习惯，就是把所有被我帮助过的人的名字都记在本子上，以后找人帮忙的时候，先打开看一看我帮过他没有，帮过了我就有胆子叫他帮我的忙，我相信他不会忘记的，他真的忘了我也会给他提示，怕的就是我从来没有帮过他。

人与人之间的交往是相互的，只有你主动地去帮助别人，等你需要帮助时，别人才愿意向你伸出援助之手。但很多人都是独善其身，只顾把自己的事情做好，别人的事情都不管。这样，等需要别人帮助的时候，就容易孤立无援。

　　主动帮助别人，不仅是一种美德，也是团队精神的体现。团队成员需要良好的协作，也需要互相帮助。

多替他人着想

　　一个业务经理对厂长说："厂长，这个订单你给插个单吧！"插单就是指在生产计划中，把一个临时的订单插进去。

　　厂长说："这样插来插去，乱七八糟的，这个工厂还能干什么？"

　　业务经理说："厂长你不想插，我也无所谓，公司都不在乎，我也不在乎，反正你看着办。"说罢，就走了。

　　厂长心想：跟我来这套，我就不插！

　　这时，另一个业务经理也要插单，他去找厂长时完全不是刚才那位经理的态度。他说："厂长，我刚刚坐上这个职位，好不容易抢了一个订单，看起来是个小订单，但对我来讲是拼了半条老命才拿到的。厂长，我知道厂里的工作很满，但是我查了一下，下个星期二、星期三、星期四，生产计划里分别各有两个小时的空当，我这张小单四个小时就可以做完了。您看，下个星期二到星期四，我能不能用其中四个小时，比如说星期二两个小时，星期三两个小时？"

厂长一听，笑了笑说："好吧。"

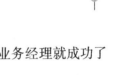

为什么前一个业务经理插单不成，后一个业务经理就成功了呢？一个人在与别的部门沟通的时候，不但要主动地帮别人把事情分析好，还要想办法让别人只说"是""可以"，这叫作体谅。一个人要多体谅别人，从别人的角度去替别人着想，替别人排时间，替别人去找预算，这才叫作解决问题。

执 行 要 点

一个人要多体谅别人，从别人的角度去替别人着想，替别人排时间，替别人去找预算，这才叫作解决问题。

面对同事要谦虚

面对其他部门的同事要谦虚，这对你没有任何坏处。一个人只有学会了谦虚，在需要帮助的时候才会比较容易得到别人的支持。

王经理与同事的关系非常紧张，他为此感到很苦恼。这一天，他向朋友诉说心中的苦闷，朋友给他讲了一个"让地三尺"的故事。

古时候，一个大官的管家准备修一座后花园，希望花园外留一条三尺之巷，可邻居是一名员外，他说那是他的地盘，坚决反对。管家立即修书给在京城的大官，告诉他情况。大官回了封信，看到回信后，管家放弃了原计划，员外颇感意外，执意要看大官的回信。原来大官写的是一首诗：

千里家书只为墙，

让他三尺又何妨。

万里长城今犹在，

不见当年秦始皇。

员外深受感动，主动让地三尺，最后三尺之巷变成了六尺之巷。

王经理听了这个故事很受启发，后来他和同级的同事相处得非常融洽，且配合默契，工作效率也大大提高了。

执行要点

面对其他部门的同事要谦虚。一个人只有学会了谦虚，在需要帮助的时候才会比较容易得到别人的支持。

4

简化语言，提高效率

一个人讲话漫无边际，可能是思路混乱的表现，也可能是委婉曲折地达到目的的手段。值得警惕的是，对大多数人来说，那只不过是一种不良的习惯。用简洁清晰的语言来表达清楚自己的意思，是每位员工尤其要注意修炼的本领。

讲的永远是重点

简化语言的关键就是讲话要有重点。例如，客户在听你讲话的时候，将其后背贴在椅背上，从心理学上来看，这表示他无所谓的态度，对你所讲的内容不感兴趣。但是一旦讲到折扣问题，客户会突然将身体向前倾，这表示客户在注意倾听。但这种注意力一般只有10分钟。这是很关键的10分钟，如果你讲得不好，客户的背又会靠在椅背上了。

在与别人沟通、向别人作简报或介绍产品的时候，不要永远都是那一套资料，应有针对性地准备一下：如果对方给你两个小时，你说些什么；如果对方给你一个小时，你说些什么；如果对方给你30分钟，你说些什么；如果对方只给你留10分钟甚至3分钟，你想要说什么。

如果你是卖劳斯莱斯汽车的，而对方只准你讲一句，介绍你卖的汽车，你要讲什么？那当然只有一句话，就是劳斯莱斯汽车的每一个零件都是手工打造，其他的什么都不用讲了。因为这个特点，绝大多数汽车都是做不到的。

任何事情都有其重点，作任何报告的时候都要把自己的资料做成各种形式。很多人有一个毛病，一个小时的资料给他半个小时去说，他就省略一半，这样做是不对的。一个负责任的业务员会自己将资料不断地浓缩，把两个小时的话浓缩成一个小时，一个小时的话浓缩成30分钟，30分钟的话浓缩成10分钟，给他多长时间他就讲多长时间，但讲的永远是重点。

执行要点

讲话要有重点，要能够根据时长的不同对内容做不同程度的浓缩。

复杂的问题用简单的比喻

即使很复杂的问题，也可以用简单的比喻讲出来。所谓善用比喻，就是举例子，例子因为生动、真实可信，非常容易使人触动，使人一听就明白了。

爱因斯坦有一次参加一个晚会，一位老太太对他说："爱因斯坦先生，你真是不得了啊，得诺贝尔奖了。"爱因斯坦说："哪里，哪里。""爱因斯坦先生，我听说你得诺贝尔奖的那篇论文叫作什么相对论，相对论是什么啊？"

问他这话的是一位70多岁的老太太，爱因斯坦要怎么回答呢？能量等于质量乘以光速的平方，这种相对论的公式，她能听懂吗？爱因斯坦马上就用比喻的方法告诉她。

"亲爱的太太，当晚上12点钟，你的女儿还没有回家，你在家里面等她，10分钟久不久？"

"真是太久了。"

"那么亲爱的太太，如果你在纽约大都会歌剧院听歌剧，10分钟快不快？"

"真是太快了。"

"所以太太，你看两个都是10分钟，但您的感觉相对不同，这就叫作相对论。"

"哦，我明白了。"

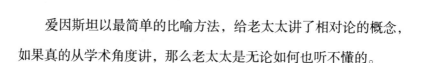

爱因斯坦以最简单的比喻方法，给老太太讲了相对论的概念，如果真的从学术角度讲，那么老太太是无论如何也听不懂的。

有一次，我和一个朋友到电影院去看电影，电影海报上写了个"杜比数字AC–3"。朋友见了，就在旁边自言自语地说："这个杜比数字AC–3是什么意思啊？"我说："这是杜比音效的技术之一，可以简单地看作声音的洗衣机。音带在收录声音的时候会有很多杂音，如果不将杂音洗掉，在放大声音的时候噪声会很大。运用这个技术，可以使音源在创作过程中删除多余的信号和各种噪声频率，使留下的有效音频更纯净，这样的声音在放大的时候会更具震撼效果。""哦，我明白了。"朋友高兴地说。

如果单纯讲技术，可能我这个外行人会讲不明白，而"声音的洗衣机"使他豁然开朗了。所以，与别人讲话不但要注意重点，还要善用比喻，用很简单的说法说出来，让别人一听就明白。

执行要点

把复杂的问题简单化，可以通过比喻的方法，这样通俗易懂。

5

沉默在前，言论在后

上天给了我们两只耳朵、一张嘴，就是希望我们多听别人讲话。有的人自我表现的欲望比较强烈，喜欢与人争辩，别人讲话，他马上就说"不是，不是"，以致最后得罪对方。与客户在谈判的时候，应当注意沉默在前，发表言论在后。我们常说言多必失，话讲多了就有漏洞。找准客户"软肋"最简单的方法就是先听客户讲，然后抓住客户的漏洞，等我们反问客户的时候，客户就理屈词穷了，这时无论你说什么，客户一般都会听下去。

一个人做事情要想成功，注意听别人讲话，是非常重要的习惯。一个人要善于倾听，在听别人讲话的时候准备答案，然后思考别人的话，从别人的话里面找出漏洞，再去辩解，而不是一开始就打断别人讲话，那样弄不好会把事情搞砸。

一个不会倾听的人通常也不会讲话。只会讲不会听叫作强辩，会听又会讲叫作善于思考。一个人要先学会倾听别人讲话，再提出自己的观点，即先听后辩。

不只会听，还要不时提问一两句

在与对方沟通的时候，要通过提出问题去澄清你的想法。记住，大部分的问题都是越问越接近答案，问题的答案就自然而然浮现出来了。很多人都不喜欢提问，而是坐在那里不吱声，这是不对的。一个人如果用心倾听、善于提问，很快就会找到问题的答案。

有人说谈判很困难，其实不难，难的是该听的时候没听，该问的时候没问。

根据研究，别人在讲话的时候，如果你在适当的时机提问题，他会认为你在注意听他讲话，你觉得话题非常有兴趣。人在讲话时最害怕的是对方一点反应都没有，弄得自己都不知道对方对这个话题有没有兴趣。所以与人沟通时，不要只会听，还要适时地提问一两句，这样对方会非常愿意一直往下讲，而且会讲出你想知道的内容。

执 行 要 点

只会听是不够的，应该多提问题。通过多提问，接近答案。而且提问也可以使说话的人愿意一直往下讲。

不要打断别人

不要打断与停止说话并不一样。停止说话是你不发表意见而让别人发表，不要打断是不要在别人说话时插话。

在我大女儿还很小的时候，有一次，我和太太在讲话，女儿冲过来说："爸爸。"我说："宝贝儿，我在与你妈妈讲话，你不要打断。这是一种很不礼貌的行为，以后看到爸爸妈妈在讲话，你有事情就站在旁边，我会问你。好吗？"后来大女儿就学会了，我与她妈妈讲话的时候，她一过来就站到旁边，等我们讲完，我就问她："有事吗？"

"爸，我可以跟你讲话吗？"

"说吧，什么事情？"

在客户面前，你的手机永远不要响起

在客户面前，要养成把手机关掉的好习惯。有一个业务员要把润滑油卖给某公司，可那天那个业务员在对方总经理面前接了四次电话。在接第四次的时候，总经理就说："你好像很忙啊？"他说："唉。"总经理说："你出去把电话打完了，再进来跟我讲话，我希望你再跟我讲话的时候，不要开手机。"他说："对不起，对不起！"最后，总经理语重心长地说："年轻人，你要把这个坏习惯改过来。我给你个忠告，这辈子要想让客户喜欢你，在客户面前，你的手机最好永远不要响。"

执行要点

要想让客户喜欢你，在客户面前，你的手机最好永远不要响。

避免小动作

所谓小动作，就是这个动作不雅，而且会令人产生一些不好的联想。一个人平时要养成好习惯，在听别人讲话或与别人沟通的时候，应注意以下几点：

第一，不要在角落讲话。在角落讲话会使人觉得你有秘密。

有一次，一个总经理到旗下的家具店去，店长跟他说："能不能借一步说话？"借一步说话就是到角落里去讲。总经理马上就说："我们都是主管，到角落讲话，别人会认为我们在谈秘密。"

总经理还说："你也是管这个门店的，我希望你注意一件事情，讲话就要光明正大地讲，不要到角落去讲，不要在洗手间讲。如果真的不能让别人听到，那么下班的时候我请你去喝咖啡，我们到那里去讲。"

第二，不要关门。关起门也使人认为是在谈秘密。在很多公司的办公室里，隔间玻璃不透明的部分大概只有桌子那么高，上面的部分全部是透明的，这样做不是为了监视员工，而是希望大家不要有隔阂。后来有人说这样有压力，所以又改成腰部以下是不透明的，颈部以上也是不透明的，只有中间一条是透明的，总之就是不要做成封闭的。

很多人在讲话的时候，不但喜欢关门，关门时还要做一个动作——像小偷一样伸出头去看一看外面，这个动作非常不好。

第三，不要压低声音。压低声音会使人觉得有秘密。有人讲话讲到重点的时候，突然声音会很小，有的还故意用手遮一下，这都在暗示别人，我们正在谈秘密。

第四，不要"狼顾"。狼在跑的时候会回头，因为狼是天生非常狐疑的动物，对其他的动物有防备。这个动作在面相学上称为"狼顾"。很多人在讲话的时候，也有这种小动作，这是一个坏习惯。

执 行 要 点

和别人沟通时，不能有如下小动作：在角落讲话、关门、压低声音、"狼顾"。

第六章

加强职业化，提速执行力

人性的弱点决定了这样的结果：上司不要求，员工就不会有想法。无论普通员工还是各层级管理者，都要不断改善自己的工作流程，提升自己的能力，这样才能脱颖而出。

大前研一写了一本书，书名叫《专业主义》，这里的专业也就是我们常讲的职业化能力。

什么是职业化？简单地说，就是员工在做事时要有做事的样子。企业的每个工作岗位都有对员工能力和技术方面的要求，要求员工具备专业化的工作技能。具备了这样的工作技能，员工做起事来才够职业化。只有职业化的员工，才能将任务执行到位。

一般来讲，客户购买你们的产品，首先是看到你这个人，然后才决定是否购买你的产品。客户先喜欢你，然后才会喜欢你的产品。所以，培养自己职业化的能力非常重要。一个顶尖的业务员什么东西都能卖，因为客户看上的不是商品，而是业务员个人。

企业常见的五种非职业化员工

不够职业化的员工，具体表现出以下五种特征。

对业务只懂一点点

员工对自己的业务知识一定要牢固掌握，而且只掌握自己的主业知识还不够，因为这是一个多元化的时代，不能够只懂一点点常识。比如一名销售人员，除了了解自己所卖的产品之外，还要尽量多地了解与产品相关的知识。

讲一个简单的道理，我们在北京乘坐出租车，如果司机只知道路怎么走，却对北京的文化与历史都不了解，乘客随便指一个建筑询问司机，司机都讲不出来；或者如果这个司机只会照着导航路线开车，对所经之处一概不知，遇到突发状况也不会自己调整线路，灵活应对，那么他就算不上一名职业化的出租车司机。

由此可以看出，我们应该具备多元化的知识，也就是说，我们对知识的了解程度要比别人深，范围要比别人广。

执 行 要 点

做一个合格的员工，要对自己的业务多了解一些，至少要比客户了解得多。

屡次犯同样的错误

有的人游手好闲，无心学习，更没有心思工作，他们在工作中既无目标又无能力，做事不用心，总是不停地犯错误。

第一次犯错可以说自己不知道，第二次犯同样的错可以说自己不小心，而第三次犯同样的错就不可原谅了。那么，为什么许多员工都会发生这种现象？主要的原因是做事不用心。用心的人和不用心的人的区别就是：用心的人，同样的错误只犯一次；而不用心的人，同样的错误会犯很多次，甚至是屡教不改。

小王是一家汽车公司的销售员。他在刚来公司的时候，销售业绩排在倒数第一，一年后他却成了销售冠军。此后，小王的销售业绩稳步增长，月月得冠军，年年得冠军。很多同事羡慕不已，向小王取经。小王从包里拿出一个黑色的笔记本，对同事说："这就是我的秘诀。"同事翻开一看，里面密密麻麻地记录了小王与客户打交道所犯下的每一次错误，以及每一次犯错误后的心得。

有一次希尔顿去日本东京，在飞机上遇到了一位女记者。这位女记者问希尔顿："希尔顿先生，您取得了辉煌的成就，您的经营技巧是什么？我和所有人都想知道。"

希尔顿听后笑了笑，他对女记者说："你到了东京之后，住进我的旅馆，临走时把你不满意的地方告诉我，当你下次来住时，我们不会再犯同样的错误。这也许就是我的技巧吧！"

错误一方面使我们陷入困境，另一方面促使我们警醒，我们要善于从错误中思考和总结。如果我们对自己犯的错误置之不理，那么错误对我们来说就仅仅是一个错误，而不会成为经验和教训。这样的错误是没有价值的。

总结错误是理性的思考，是从实践上升到理论的必经之路。只有善于分析错误，才能有所收获。如何使犯错误的成本降至最低？如何使犯错误的人进步得更快？答案只有一个：不要犯同样的错误！

执行要点

如果我们对自己犯的错误置之不理，那么错误对我们来说就仅仅是一个错误，而不会成为经验和教训。这样的错误是没有价值的。

不思考是否有更好的办法

作为企业的一员，如果你不能常常思考是否有更好的办法来改善工作流程、提高工作效率、提升执行力，那么你就算不上职业化。

我发现向银行贷款时，银行工作人员会很有技巧地告之，现在用的是浮动利率，就是物价在上涨的时候，国家的贴现率和存款准备金率也在上升，银行就加息，并说："先生，从下个月开始，你的利息要涨了。"

这个我可以接受，因为这是按照国家的标准去调整的，但很奇怪的就是利息下调的时候，他们从来不告诉我。我和银行打交道了这么多年，每次加息，银行绝对不会忘记告诉我；但是每次降息，都是我先发现的。当我发现后询问他们为何不告知的时候，银行工作人员很不情愿地说："这是银行的规定……"

当你给客户的信息可能是旧的、过时的或是错误的时，你应该及时地更新信息，而不是等到客户问起来时，还没有意识到自己不专业，没有思考更好的工作方法。

执行要点

作为企业的一员，如果你不能常常思考是否有更好的办法来改善工作流程、提高工作效率、提升执行力，那么你就算不上职业化。

不注重自我管理

彼得·德鲁克的著作《卓有成效管理者的实践》就是有关自我管理的。德鲁克研究了人的行为很久，得到一个心得：现在的人越来越缺乏自我管理。

自我管理有四点内容：

第一，我的优点是什么？我的强项是什么？我如何发挥我的优点和强项？

第二，我平常做事情用的是什么方法？有多少方法是自己悟出来的？有多少方法是向前辈、领导学习的？

第三，我帮助过谁？我与谁主动地进行过沟通？公司产生问题时，我关心过吗？我是否关心部门和组织的状况？我曾经主动地关心过别人吗？

第四，我上班的目的是什么？我的价值观是什么？我这一生打算做什么？我到这家公司想要学什么？将来带着什么离开这家公司？我对这家公司做了什么贡献？——这是职业化的价值观。有些员工每天混日子，研究薪水为什么没调、奖金为什么太少、老板为什么不分红、为什么不拿些股票给自己，他们的价值观早已偏离正轨。

有的年轻人每天都只想到自己，从来没想过应该主动地与他人接触，他们就缺乏自我管理的意识。

执行要点

要学会自我管理，不能每天都只想到自己。要有主动性，遇到事情要主动与他人沟通。

缺乏危机意识

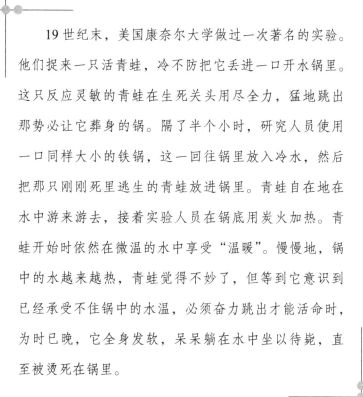

19世纪末，美国康奈尔大学做过一次著名的实验。他们捉来一只活青蛙，冷不防把它丢进一口开水锅里。这只反应灵敏的青蛙在生死关头用尽全力，猛地跳出那势必让它葬身的锅。隔了半个小时，研究人员使用一口同样大小的铁锅，这一回往锅里放入冷水，然后把那只刚刚死里逃生的青蛙放进锅里。青蛙自在地在水中游来游去，接着实验人员在锅底用炭火加热。青蛙开始时依然在微温的水中享受"温暖"。慢慢地，锅中的水越来越热，青蛙觉得不妙了，但等到它意识到已经承受不住锅中的水温，必须奋力跳出才能活命时，为时已晚，它全身发软，呆呆躺在水中坐以待毙，直至被烫死在锅里。

　　这个实验说明了缺乏危机感的危害性。在一种渐变的环境中，即使你已经很先进、很成功，但如果不能保持清醒的头脑和敏锐的感知力，并对新变化做出快速的反应，而是贪图享受，安于成功的现状，那么当你感觉到环境的变化已经使得自己不得不有所行动时，你也许会发现自己早已错过了行动的最佳时机，所有的行动只是徒劳，等待你的只是悲哀、遗憾和无法估计的损失。

　　我们随时都要做好准备，知道如果发生了危机我们该怎么办，这叫作有危机感。懂得将问题消灭在萌芽状态，或者虽然危机发生了，也会用最快、最妥当的方法将其化解，这就叫作有危机感。有危机感的员工就称得上是职业化的。

　　赛车手最害怕的事情是翻车。万一车子起火，那就更不得了了。为防止类似情况的发生，某 F1 赛事在举办的时候，主办方特别在现场准备了直升机，用以抢救出事的赛车手。一旦发生事故，他们在几分钟之内就可以把受伤的选手送到直升机上，并立刻飞往医院天台事先划定的停机坪，再由医务人员把伤员送到急救室。这样的急救方案非常完美，这就是所谓的具备了危机感。

未来是不可预测的，而人也不是天天走好运的，正因为如此，我们才要有危机意识，在心理上及实际行动中有所准备，以应付突如其来的变化。如果没有准备，不要谈应变，仅心理受到的冲击就会让你手足无措。只要准备充分，在发生危机时，哪怕不能彻底消除危机，也能够把损失降到最低，为自己找到解决之道。

执 行 要 点

要有危机感。尤其是在渐变的环境中，即使你已经很先进、很成功，你也要保持清醒的头脑和敏锐的感知力，并对新变化做出快速的反应。

② 员工走向职业化的五个途径

帮客户买东西

既然要有专业化的工作技能，就要先弄清楚两个词的区别，一个是 marketing，另一个是 sales。这两个词的中文意思非常接近，marketing 即营销，sales 即销售。对没有学过管理的人来讲，这两个词听起来都差不多，但英文原意就相差很远了。sales 是把东西卖给别人，marketing 是了解市场需要什么，两者是有区别的。marketing 是顾问式销售，即像一个顾问那样提供专业的产品给客户，而且把专业的知识也告诉客户。

从程度上来讲，客户不知道的你知道，客户知道的你比客户知道得更清楚、更深入，这就叫作 marketing。

如果客户知道的比我们知道的还多，甚至比我们知道得更清楚、更专业的话，我们看起来还像专业销售人员吗？如果不能比客户知道更多，那么我们怎么能够把产品卖出去呢？

专业的销售人员会帮客户买东西，而不是卖东西给客户；在了解客户的真正目的后，会给客户提供一些指导性的建议，而不是一味地进行教条式的讲解。

有一次我在上海，带一个朋友去吃烧鹅仔。那天正好店老板也在，因为我经常去，所以店老板认识我。老板对我说："余先生，你今天应该吃两盘啊！"我问："为什么？""你很辛苦，容易生病啊！"他说，"世界上有两种动物是不得癌的，一个是海里面游的鲨鱼，另一个就是陆地上跑的鹅。鹅与鲨鱼的身上一定隐藏着某些抗癌的物质或者抗体，反正余先生你吃下去就对了。"

结果那天我真吃了两盘。他说的话有没有科学根据，我没有深究，但他的话抓住了我的心理，提出了符合我想法的指导性建议，因此让我接受，并印象深刻。

什么叫作帮客户买东西？案例中的店老板就是在帮客户买东西，因为他给客户提出了符合客户心理的建议。

帮客户买东西要记住客户来的目的，了解客户真正的需求是什么，以及客户潜在的问题是什么。很多员工都是把公司给的教条式的话术像背书一样背给客户听，这不但非人性化，而且缺少指导性的建议，很难说到客户心坎上，客户也就很难买单了。

执 行 要 点

　　真正的销售要帮客户买东西，站在客户的角度想问题，客户不知道的你知道，客户知道的你比客户知道得更清楚、更深入。

搜集整理自己的资料库

在员工刚进入一家公司后，公司一般会把产品和客户的一些资料发给他，这些资料是基本资料，但是通过一段时间对资料的学习和利用，不同的员工会有不同的业绩。这就是因为有些员工能将这些基本资料重新进行组合，按照客户的重点和需求组合成客户所需要的内容。

通常情况下，在给客户看资料时，不要先将很复杂的资料摆在客户的面前。否则，你讲的话客户可能听不进去，因为客户一直看你给的资料，一直在不停地向你提问题。可见将很复杂的资料摆在客户面前的做法是错误的。

正确的方法应该是：先给客户看简单的资料，这样客户就会注意听你讲，而那些复杂的资料，最好让客户带回去看。

要想工作高效，对资料进行合理的组合和整理是必要的。

此外，公司提供的资料永远是不够的，作为一名称职的销售人员，你应该通过其他途径，搜集更多有用的资料。将这些资料整理之后归好类，并准备一些复印件，根据客户的需要，随手就可以抽出来给客户。

有一名电视导购小姐，她能够在三四分钟之内卖出四五百台笔记本电脑，又能够在四五十分钟之内卖出几十辆休闲旅行车，还能够在一年之内卖出三四百枚一克拉的钻戒。她的销售能力为什么这么强？只要看她导购时的言谈举止，就知道她很专业。

她是靠容貌和耍嘴皮创造业绩的吗？当然不是。她是要认真做功课的。每天晚上，她在家里面读资料，读到不解之处，还得到处搜集资料，为自己答疑解惑。如果导购小姐现在手上拿着一篇有关阿诺德·施瓦辛格的新闻报道，你认为她在干什么？她是在用这个报道做功课。

你认为她了解施瓦辛格哪些方面？她了解施瓦辛格手上戴的手表正好是她要卖的手表，她了解施瓦辛格吃的营养品正好是她要卖的营养品。这就是做功课。第二天做直播导购时，因为有了前期大量的准备工作，她讲起来就显得轻松自如。尤其推荐起施瓦辛格手上戴的手表和吃的营养品，那真是信心十足、妙语连珠，叫人不得不掏钱购买这些东西。

所以，优秀的销售人员绝对是有自己的资料库的，他们善于搜集和整理资料；而糟糕的销售人员，公司给他们什么资料，他们就给客户看什么资料，公司没提供的资料，就算其他地方有一些相关资料，他们也不会去主动寻找。以这种态度去做销售，怎么可能做好呢？

不会搜集信息、研究信息的员工，连公司提供给他的资料都不会整理，这样的员工根本谈不上专业，也不可能在工作中表现得职业化。

执 行 要 点

先给客户看简单的资料，这样客户就会注意听你讲，而那些复杂的资料，最好让客户带回去看。要学会对资料进行合理的组合和整理。

打破成规，勇于创新

有人认为模仿就是抄袭，但实际上，模仿并没有错，重要的是在模仿别人的基础上要有自己的创意。

创新源于我们的不断思考，这同样需要打破成规的勇气，如果你总是跟在别人后面亦步亦趋、墨守成规，你肯定成不了最优秀的人，也不会是一个成功的人。

执 行 要 点

模仿并没有错，重要的是在模仿别人的基础上要有自己的创意。

多与他人探讨交流

孔子说："三人行，必有我师焉。"意思是三个人在一起，其中一定有一个是我的老师。俗语也说："三个臭皮匠，胜过诸葛亮。"所以，多与其他人探讨问题一定是有益处的。

有一次，我从中国台湾坐飞机到美国，在飞机上面看一款化妆品，其实是我们公司的产品样本。我在看时，旁边一个中年妇女侧着头也在看，我就问："你喜欢吗？"她笑一笑。我说："你看一看。"她就拿去看了一下，很快就还给我了。我问："你会买吗？"她说："不会。"我问："为什么？"她很快就讲出两三个理由，我听后觉得很有道理。后来她睡着了，我赶快打开笔记本，把她讲的那些话写下来，到了美国就打电话回公司说："那款化妆品不要做了，等我回来再说。"一个女人随便看了一下，就说出了两三个连我们设计师都没有想到的问题。还好她讲了两个字——"不会"，我们公司的 200 万元没有浪费。那款化妆品做个模子出来，启动费就需要 200 万元。

为什么案例中的那个女人一句话就点出了问题所在呢？因为大部分时间里我们都是当局者迷。所以，我们要多与人交流、沟通和探讨，尤其是要与不是同行的人交流。说不定他们可以看出的问题，我们自己反而看不出来，这就是旁观者清。

执 行 要 点

当局者迷，旁观者清。多与其他人探讨问题一定是有益处的。

定期优化自己的工作流程

人性的弱点决定了这样的结果：上司不要求，员工就不会有想法。无论普通员工还是各层级管理者，都要不断优化、改善自己的工作流程，提升自己的能力，这样才能脱颖而出。

员工应该每三个月或者半年对自己的工作做一次优化，做一次改善。每一个部门应该每半年对工作流程提出一次优化和改善的建议，使自己更加专业。

技能专业化已经成为当今职场的一种特征。组织机构要实现其未来的职能，将越来越依赖员工工作技能的专业化。所以，我们要加强自己技能的专业化，使自己更加职业化。

员工应该每三个月或者半年对自己的工作做一次优化，做一次改善。每一个部门应该每半年对工作流程提出一次优化和改善的建议，使自己更加专业。

③

要有专业化的工作技能

客户的产品知识如果超过了销售人员，客户就会对销售人员的能力产生质疑，甚至进一步质疑产品本身，因此，每一个部门和岗位都应该有专业化的能力与技术要求，并促使员工达到这些要求，这就是专业化的工作技能。

培养职业化的工作习惯

习惯是基础。要想加强工作技能的专业度，首先就要培养职业化的工作习惯，让员工的言行符合其岗位的规范和要求。

我参观过日本三井工厂。在快下班的时候，厂长说："再过一点时间，我们就要下班了，现在大家做好收工的准备。"于是工人开始擦工具、关开关、调整机器的位置、收集废料、打扫卫生。将东西摆在指定的位置，这一点最重要。厂长看大家差不多干完了，就说："各位，今天我们的工作到此为止，谢谢大家一天的辛劳。"全体工人回应说："厂长，您辛苦！"然后就都到后面去了。后面是个更衣室，大家把工作服脱下来，洗澡后换上自己的便服。最后厂长、副厂长站在工厂的大门口。那一天下着雨，他们就撑着伞，等工人上了巴士，目送巴士开走。后来厂长回来了，我对厂长说："不容易啊，我发现你们每个人都把工具摆在指定的位置，都摆得完全一样。"他说："我们要做一个最坏的打算，这些工人里面万一明天有一个或两个不来，不管是生病还是有事，哪怕是出了意外，我们中任何一个人站在他的台上都要能找出任何一个工具。我们工厂的工人可以做到全部灯光都关掉，说拿什么东西就一定摸得到，这是我们的要求。"

这就是职业化的工作习惯。日本企业非常注重这种职业化的工作习惯。为此，日本企业独创了一种管理方法，即"5S"管理。所谓"5S"管理，就是指整理（seiri）、整顿(seiton)、清扫（seiso）、清洁（seiketsu）、素养（shitsuke）五个管理项目，"5S"管理通过规范现场，营造井然有序的工作环境，培养员工良好的工作习惯，其最终目的是提升员工的个人品质，加强企业的执行力。

执 行 要 点

　　要想加强工作技能的专业度，首先就要培养职业化的工作习惯。

赢得客户的信任

客户为什么在面对商家时总是感到没有安全感？换句话说，客户为什么害怕？因为商家总是喜欢掩盖问题的真相。

肯德基发生过有关在食品中添加苏丹红的事件，但是肯德基经过调查，很快就公布了这个事件的真相并迅速通过媒体向消费者致歉，同时采取了整改措施。这一令人信服的交代，让这个危机很快就过去了。现在肯德基餐厅还是每天都挤满了顾客，这就是没有掩饰问题的真相所带来的良好局面。有的企业则不然，出现问题后总是千方百计掩盖事实的真相，越是这样，客户就越不相信，进而使企业的形象受到了损坏。

客户对商家没有安全感的另外一个原因就是商家夸张宣传。某些房地产广告宣传得实在离谱，说10分钟可以从楼盘到地铁站，可实际上客户走哪条路花的时间都比这个时间长，后来才知道必须走直线（事实上不存在这条路），而且是开车的速度才行；说楼盘的对面是一座10万平方米的公园，等购房人买了房后，却听说那儿以后要建成一个加工厂……一些房地产开发商最擅长讲这样夸张的话，弄得客户最后都完全不相信广告了。久而久之，这种广告除了增加商家成本外，没有任何作用。

最令人气愤的是，大部分销售商将商品卖出去后就对客户漠不关心了。客户如果买的是长期使用的商品，他们最担心的就是商家事后的冷漠。

做销售千万不能流于形式，而要去影响客户的潜意识，满足客户的安全感。让客户的安全感去告诉客户应该要购买这个商品，让客户知道从眼前的这个销售人员手中购买商品很安全，因为这个销售人员很诚恳、很专业、很负责，向其购买商品可以得到超值的服务。

在客户至上的营销时代，你有什么方法让客户相信你，售后还能找得到你，而你仍会对商品负责，这是赢得市场的关键。

赢得客户信任，不能只停留在口头上，更重要的是体现在行动上。要知道，客户的信任度可以提升产品和服务的形象，提高客户关注率，保证企业利润最大化和长久化。

赢得客户的信任，就如同给客户吃了一颗定心丸，使客户买得放心、用得舒心，从而增强企业信誉，提高企业知名度，促进产品的销售。

若想赢得客户的信任，建立长久的业务联系，还需要更强的责任心，即要对客户负责。

对客户负责，首先要带给客户良好的购物体验，这样才能使客户成为忠实用户，以后经常购买我们的产品。

有一次，我们将一个柜子卖给一位客户，那个柜子是从芬兰进口的。半年以后，客户发现柜子里有白蚁，要求我们赔偿，或至少给他换一个柜子。

我们提出解决方案：首先要弄清楚柜子里的白蚁是台湾地区的还是欧洲的，如果是台湾地区的白蚁，我们就让客户补些钱换一个柜子；如果是欧洲的白蚁，我们便免费给客户换一个柜子，并把客户家里的白蚁处理干净。后来查出来是台湾地区的白蚁，我们公司为客户介绍了除白蚁的专家，把客户家的白蚁全部清除了，当然

客户要为此支付费用。之后我们建议客户补一些钱，换

一个新柜子。客户欣然同意了。

只要我们负起责任，出现白蚁也不可怕，它甚至会为我们带来更多生意。

其实，工作就意味着责任。在这个世界上，没有无须承担责任的工作，你的职位越高、权力越大，你肩负的责任就越重。有的人总爱为自己的过失寻找种种借口，以为这样就可以逃脱惩罚。其实正确的做法是：承认过失，并为过失而道歉。更重要的是，要让人们看到你如何承担责任，如何从错误中吸取教训。这种对待工作的态度，会让你赢得客户的信任。

执行要点

与客户建立长久的业务联系，需要更强的责任心，要带给客户良好的购物体验。

把自己当作公司的"窗口"

公司里的每一个员工都应该把自己当作公司的"窗口"，时刻意识到自己的言行代表的是公司的形象。当客户有问题找到你

的时候，不管这是不是你工作职责范围内的事，你都要主动帮助客户解决问题。当客户找你要某个东西的时候，你千万不要说"不知道"，也不要说我们公司没有这个东西。在客户找到你的时候，即使这件事不在你的工作权限之内，你也要与公司其他的部门衔接。这个产品怎么修、怎么保养、怎么送货，你去安排，而不是客户一天到晚给你们公司的每个部门打电话。你要帮助客户一口气安排好，而不是客户去找你们公司。这就是"窗口"的概念。

有一次，我带朋友去一家餐厅吃饭，我点了好几道菜，包括一道剁椒鱼头。服务员马上就说，他们不做川菜，也没有剁椒鱼头。其实我知道，我当初是在这家饭店隔壁的店吃的这道菜，可是隔壁饭店的环境不太好，因为我是请朋友吃饭，所以我选了这家环境更好的餐厅。我说隔壁有卖的，请她到隔壁帮我买一份，她却不情愿，我也就没和她多说什么，对朋友说："他们没有剁椒鱼头，我们今天就不要吃了。""哎！老余，我们今天就是来吃剁椒鱼头的！"我说："起立！到隔壁。"那个服务员就把桌子上的菜单一收，我和朋友就到隔壁吃饭去了。

再来看一个相反的例子。

我们公司有个家具店，有一次一个客户来买床，那张床很贵，大约 10 万元人民币，可惜我们店里没有一个很好的床头柜可以匹配得上这张床。于是，他就对我们的店长说："你们能够帮我配一个床头柜吗？你们公司的我看了，都不好。"我们店长说："没问题，我帮你找一下，你有空来看。"店长在一天之内就调到了三个床头柜，然后请客户过来看一下。那三个床头柜都不是我们公司的，但是在高雄这个地方总是找得到的，若找不到的话，我们可以从嘉义或从台南调过来，必要时还可以从台北调过来，我怕的就是他不要。结果客户从三个床头柜里面挑了一个，这笔生意就做成了。

其实，我们公司的家具店所销售的家具和床上用品，甚至于肥皂盒、灯具，有 1/3 都不是我们公司的。我告诉员工，我们不是家具行，我们是生活中心，客户想到的事情，我们就要想办法满足他们。以后不要对客户说我们没有，不要说这个东西我不知道，不要说你去找谁，不要说这件事情不归我管，这些都违背了

"窗口"意识。

每一个员工都要把自己当作"窗口"，只要客户一开口，你就要解决一切问题。一个人有能力把本来没有的机会变成自己的机会，把不是自己的产品变成自己的产品，这才叫作真正的职业化。

执 行 要 点

当客户有问题找到你的时候，不管这是不是你工作职责范围内的事，你都要主动帮助客户解决问题。

第七章

形成团队执行合力

　　每个人都想待在一个大公司里，但你是否在公司的发展建设中贡献了自己的力量？只有你时刻把"这是我们的公司"放在心里，你所做的一切才有方向感和使命感，你的执行力才会发挥出最大的效力。

　　企业发展，除了需要资金、技术、人才外，更需要一个支撑点，这个支撑点就是具有高效组织执行力的团队。想要打造具有高效组织执行力的团队，就要努力营造一种"团队协作"的整体氛围。这就需要团队的每个成员都要增强大局观念和整体意识，不要强调"以自我为中心"，而应该强调"整体利益优先"。当发生矛盾时，应该"求大同存小异"，多找共同点。同时要明确分工合作，共同承担风险和责任，从而形成拥有强大执行力的团队。

把公司当作自己的公司

　　迈克尔·阿伯拉肖夫于 1997 年接管士气低落的"本福尔德"号驱逐舰。他上任之后，采取了种种办法，带领这艘驱逐舰创造了骄人的成绩，成为美国海军公认的典范。

曾有人问过他："迈克尔，你为什么能这么厉害，能把这艘舰带成第一名？"迈克尔说："没有什么特别的，我只是让我的全体官兵记住一句话——'这是你的船'，就是这样。"

这个故事说明了什么？"这是你的船"又说明了什么？其实，这句话并没有什么特别高深的道理，迈克尔只是让我们明白了一点，他之所以能打造出一个高绩效的团队，最关键的原因就是他能让全体船员都本着"自主"的精神，以船为家，以海军的发展作为自己努力的方向，因此他能带领大家走出低谷，走向辉煌。

执行力的前提是自主性，员工只有具备主人翁精神，把公司当作自己的公司，才会全力以赴地投入、不折不扣地执行。

每个人都想待在一个大公司里，但你是否在公司的发展建设中贡献了自己的力量？只有时刻把"这是我们的公司"放在心里，你所做的一切才有方向感和使命感，你的执行力才会发挥出最大的效力。

主动"找事"做

"自主性"对于团队建设是非常重要的。员工能否主动说出"这是我的公司",是判断一个公司是否具有团队凝聚力的标准。在一个公司里,如果其员工说"这是我的公司",那这个公司就是一个团队;如果员工并不这么说,那就说明这个公司的工作团队有问题。比如,某个公司的工作人员这样回答:"这怎么可能是我的公司?这是他们的公司,我只是来打工的。"如果公司的员工都不认为公司是自己的,这样的公司怎么可能比得过其他拥有强大团队的公司呢?在激烈的市场竞争下,这样的公司很难生存。

多年以前,我乘坐国内某航空公司的飞机。吃完点心以后,我没什么事情,就和乘务员聊了一下。乘务员听说我在日本航空公司做过高管,就跟我进行了下面一番对话。

她说:"我们公司也招来了日本空姐当乘务员。"

我问:"她们和你们有什么不一样吗?"

她说:"她们在飞机上很少慢悠悠地走路,都是小跑着。

"飞机起飞以后，她们会不停地找事情做，忙进忙出，一直忙到飞机降落。"

其实，当时中国本土并不是没有优秀的乘务员，那为什么还要招聘日本乘务员呢？我认为，原因主要有两个：第一，航空公司希望日籍的乘务员能够运用娴熟的语言及提供更为贴心的服务，照顾好飞机上的日本客人；第二，也是最重要的，日本的航空公司对乘务员的服务精神要求非常严格，该航空公司希望利用日本乘务员的服务态度来启发和影响本土员工的做事态度。这是一个很重要的方面，实际上也起到了这个作用。

企业需要自主性更强的员工。不懂得主动"找事"去做的员工，不具备较强的执行力，肯定很难得到重用与提拔。

执 行 要 点

要想提高执行力，就要主动"找事"去做，要眼里有活儿。

主动关心客户和同事

执行力强的员工懂得主动关心客户与同事，这是自动自发的表现，这样的员工才会及时补位。

有一次，我去某世界500强公司，该公司的副总约了我。

我身穿西装、手拎公文包进入那家公司。当时，一楼大厅前台处坐了两名接待人员。但是我进去以后，她们看了看我，一句话也没说。我也没有跟她们说话。

我决定不上楼了，坐在大厅的沙发上。没多久，我的手机就响了："老余啊，你是不是还没到？路上车很堵是不是？"约我来的副总打来电话。

"我已经到了。"

"到了？在哪里？"

"我在楼下，正坐在你们的大厅里。"

"啊？那你为什么不上来？"

我告诉他我不想上去，让他先下来一趟。

副总下来以后，我对他说："你们公司可是世界500强之一，大公司应该有大公司的样子。可是我到了以后，你们的两位前台小姐看了看我，一句话都不说，我也懒得说。所以，我就坐在这个沙发上，看看什么时候能有机会被请上去。"

我还开玩笑地补充了一句，"你不下来，我今天就不上去了。我打算坐到中午，看看你们的前台小姐会怎么说、怎么做。"

由此可见，那家大公司在主动关心客户方面做得很不够。

很多公司的员工会像案例中的那两位小姐一样，对公司的客人漠不关心。如果前台人员不在，公司的员工顶多是去喊前台人员，提醒有客人来公司了，几乎没有人会主动把客人带到会客室，更别提给来访的客人泡杯茶或者倒杯水了。说到这儿，相信大多数人可能还会为自己辩解："我又不是前台的员工，接待客人不是我的工作，而且进来的客人也不是找我的。"如果一个员工能真正把公司当成自己的，他就能做到以公司为家，把公司的事业当成自己的事业，把公司的发展作为自己的发展，这样的员工就会随时表现出主人翁的姿态，不会对来访的客人漠不关心。

执行要点

如果一个员工能真正把公司当成自己的，他就能做到以公司为家，把公司的事业当成自己的事业，把公司的发展作为自己的发展，这样的员工就会随时表现出主人翁的姿态，不会对来访的客人漠不关心。

养成说"我们"的习惯

　　每个公司都有很多部门，一些大的公司甚至还有很多分公司。在谈到自己公司的其他部门或其他分公司的时候，我们常常讲"你们"或"他们"。其实不能讲"你们"，也不能讲"他们"。因为讲多了，就会在各部门之间造成疏离感，严重的会破坏团结。

　　我在一家公司当经理的时候负责汽车部，有一天，我对总经理讲了一句"他们台南保养厂"，没有想到总经理这样问了我一句话："谁是他们啊？"我居然没有注意到，之后又说了一次。总经理马上就问："谁是他们？"我只好承认错误。总经理说："余经理，身为公司的高级干部，怎么能犯这种错误？'他们''他们'，你是谁啊？是'我们'台南保养厂。"我觉得总经理说得非常有道理，从那以后，在一个组织系统内，我没再说过"他们"。因为我知道，一个公司只有一个代名词——我们。

　　在客户面前是绝对不能讲"他们""你们"的，而一定要说

"我们"。只有团队中的每个成员都这样讲话,这个团队才有执行力,才有竞争力。

我在日本成田机场受训的时候碰到这样一件事情:下课的时候,我买了一盒豆腐,回去一吃是坏的,我就把它丢掉了。第二天,我又经过那个小操场,路过那家店的时候,我对售货小姐说:"我昨天在这里买了一盒豆腐,坏的!"她马上说:"您有没有带来?"我说:"那种东西不值钱,我丢掉了!你放心,我不是来找你要钱的。"那个小姐说:"先生,这是大事,您等一下。"她跑上楼,没有多久和一个男士下来了。那个男士下来时,一手拿个塑料袋,另一手拿了张钞票,他说:"先生,这里面还有五盒豆腐,保证都是新鲜的。这个钱是你的,我们退给你。我们店里面卖出去这样的豆腐是我们的羞耻。不过,先生,我们已经通知了供应商,下个星期开会。如果下个星期一你还在我们这附近,请你来找我,我会告诉你开会的结果。"

听他讲话,从头到尾用的是"我们"。这是一个时刻以团队精神为荣的商店，当店里卖出了品质不好的豆腐，无论哪个环节出问题了，都是整个团队的耻辱。以后只要在成田机场受训，我都去那家商店买东西。

这就是一种态度：时刻记住"我们"；出现问题，先承认自己是错的，把问题解决了，再回来检讨自己，检查哪个环节出现了问题。

面对客户，你就代表整个团队，无论哪个环节、哪个人出错了，都是整个团队的事情。所以，在客户面前永远不要说是"他们"的事，客户找到你，你就要代表公司来解决这个问题。

执行要点

要学会说"我们"，要有整体的概念。无论出现什么问题，都要先承认是自己的错。

② 树立团队意识，学会与人合作

员工不但要自主地做事，而且要善于与周围的人合作，合作性非常重要。我们在工作中一定要控制自己的个人主义，善于与人合作。

树立内部客户服务意识

随着社会分工的细化，每个组织机构中都会分出若干部门，如果部门之间缺乏配合协作，没有团队作战精神，工作中相互推诿，必将造成工作效率的低下和资源的浪费。比如，我看到一些地方的城市建设，因为各部门之间缺乏沟通和协作，重复施工的现象特别严重。今天自来水有问题，就挖开管道检修，修好以后把土填回去；明天电路出现了问题，再挖开，修好以后，把土填回去；后天天然气出故障了，再挖开……今天挖明天挖，永远都是这样翻来覆去地挖。如果部门之间加强协作，一次性统一处理问题，就不会让城市街道像拉链似的开来开去，不但造成环境的污染，而且造成社会资源的严重浪费。

有一次，我晚饭后去散步，发现马路上有很多穿不同颜色制服的人站在那里，一看就是来自不同单位的：穿白色的代表自来水，穿灰色的代表电力，穿橘色的代表天然气，穿蓝色的代表光纤……在一个总指挥作完简报后，大家就开始挖马路。马路挖开后，这几个单位的人员就跳下去，检查各自负责的部分，都弄好后，各路人员全部上来，再把马路铺平。

同样，在企业中，有很多任务或事情，都不是一个部门能完成的，更不是一个人能完成的，通常都是将一个任务分解成几个项目，分派给几个部门共同完成。如果公司部门之间缺乏必要的协调与合作，互相推诿和扯皮，或者部门之间经常互相攻击，比如人力资源部的不买会计部的账，会计部不理会物料部，物料部不听生产部的，生产部更不理计划部……那么就不利于部门之间的协同合作，继而会影响到整个企业的效率。

因此，建立流畅的内部客户服务关系很重要，这就需要每个部门、每个员工都有团队协作的意识。某航空公司就提出过一个"内部服务承诺"。

该航空公司有两种客户，一种是外部客户，另一种是内部客户。内部客户就是指在公司内部有很多部门，部门和部门之间也是客户关系或者供需关系，比如物料部是生产部的供应商，生产部是物料部的客户。要想为外部客户提供好的产品和服务，必须先做好内部服务，理顺内部的工作流程，做好内部的沟通和协调，这种观念就叫作"内部服务承诺"。

这种内部客户服务意识，使该公司的员工在公司里有一种归属感，整个团队有一股凝聚力。

建立流畅的内部客户服务关系很重要，这就需要每个部门、每个员工都有团队协作的意识，把其他部门、其他人当作客户对待。

真正的团队只发出一个声音、执行一个战略

在现代社会中，一些员工的最大问题是不能顾全大局。他们把自己的个人利益看得非常重要，却看不到整个公司的困境；他们每天只想着单枪匹马、独领风骚，在工作中出尽风头，却从未想过共同进步、集体协作。这样的人，受不了委屈，控制不住情绪，往往为了自己的一时之快而损害团队的利益。正是这种狭隘的个人主义，使公司缺乏强有力的执行力，从而加速衰落直至倒闭。

有一次，我在开会时批评了手下的一名副厂长。第二天，这名副厂长突然向我提出辞职。我经过慎重考虑，郑重地在辞职书上签了字。可是这个副厂长后悔了，他闹到董事长办公室，说是在开玩笑，要收回

辞职书。我坚决不同意，并向公司提出如下意见：这名副厂长工作十分优秀，可就是不能委曲求全，受了点小委屈就闹着要辞职，不能顾全大局。

真正具有团队精神的人，是有原则又肯协作的人，他们能说出自己的想法和意见，但是遇到需要顾全大局的时候，他们又能放下自己的想法，服从大局。具有这种精神的人是最值得我们敬佩的，也是我最欣赏的。

2004 年底，联想集团和 IBM 在北京宣布，联想以 12.5 亿美元收购 IBM 的个人电脑事业部，收购的业务为 IBM 全球的台式电脑和笔记本电脑的全部业务，包括研发、采购、生产和销售。

联想集团原总裁兼 CEO 杨元庆成为新的联想集团董事长，而 CEO 则由 IBM 原高级副总裁兼个人系统总部总经理史蒂夫·沃德担任。

这是一个中西合璧的管理层。杨元庆是中国人，他的背后是中国的文化、中国的家庭教育背景、中国的社会人际关系和中国的做事方法；史蒂夫·沃德是美国人，他的行事方式代表的是美国的文化、美国的原则和美国的方法。他俩都很有能力，如果合作得很好，那么联想就可以进入世界个人电脑领域前三名；如果相互间不合作，闹矛盾，那么联想不但进不了前三名，说不定还会跌到第五名、第六名。不过，在接下来的一年里，联想做得很出色，这说明杨元庆和史蒂夫合作得非常愉快。

虽然他们一直合作得很好，但是一年以后，杨元庆发现，史蒂夫是一个守业有余、创业不足的人，要他"开疆辟土"可能就有些困难了。而联想要面对的是戴尔、惠普及其他的电脑公司，只能守业的史蒂夫是不足以担当起引领联想继续前进的重任的。

"应该换掉史蒂夫。"杨元庆当初提出了这样一个建议。如果 IBM 不同意的话，那么就会有冲突。但是 IBM 没有表示不同意，他们换掉了史蒂夫。2006 年，比尔·阿梅里奥来到联想，成了联想的新任 CEO。

比尔·阿梅里奥一到联想，就提出两个建议。

第一个建议是，联想是一个跨国大公司，不应该只有一个领导中心，不能什么事情都集中到北京决策，这会影响效率。联想同意了这个建议。所以，后来联想建立了两个指挥中心，一个在北京，另一个在美国的北卡罗来纳州，管理学上称之为"双核"。

第二个建议是，比尔·阿梅里奥认为，电脑做好了再拿出去卖，这种做法并不正确，电脑应该是先做一半，然后把另外一半放在终端市场，针对某个地方的具体需求再去组装，最终完成全部组装。这个建议联想也采纳了。联想电脑现在是一半在总部制造，另一半在终端市场组装。

从把史蒂夫·沃德换成比尔·阿梅里奥，再到比尔·阿梅里奥上任后提出的意见均被采纳，这都说明了联想和 IBM 是非常有大局意识、善于协作的团队，都能在必要的时候顾全大局。

联想的事例说明，一个强大的团队应该是在团队中每个人都有自己想法的前提下，每个人都可以为了大局，只发出一个声音、得出一个结果、执行一个战略，这才是真正的团队执行力。

执 行 要 点

要培养团队精神，有原则又肯协作，能说出自己的想法和意见，但是遇到需要顾全大局的时候，又能放下自己的想法，服从大局。

3

团队思考性——持久执行的保障

在企业中经常见到这样的现象：领导开动脑筋，领导下达命令，领导做出决策，员工都按照领导的指令做事。总是领导在思考问题，员工的惰性越来越大，遇到问题的时候不愿意思考，而是更多地依赖领导做决定。这种现象非常值得我们警惕。

而执行力强的员工会不断思考是否有更好的办法，不断提出流程改善建议。

对习惯性的工作提出不同见解

人是一种习惯性动物，一旦习惯了就不容易改变。

如果你把两只手交叉握起来，是左手还是右手的大拇指在上面呢？不管是哪只手的大拇指在上面，这个习惯一旦养成了，你一辈子都会是这个习惯。左手拇指在上面的人，永远都是左手拇指在上；右手拇指在上面的人，永远都是右手拇指在上面。如果让你刻意换一下，你还会觉得很别扭。

再想一想，洗完澡后，你是怎么拧毛巾的呢？是左手在前、右手在后，还是右手在前、左手在后？这也是一个习惯。

墨守成规，就意味着几乎没有什么新的创意了。为了产生更多的创意，我们需要在工作和生活中不断刺激自己思考，从而打破成规。

当我们做事情的方式、方法总是一成不变的时候，不要抱怨自己缺乏创意，而要试着改变一下习以为常的做事方法，通过改变，刺激自己产生新的想法。

外界通过刺激一个人的脑部，能使人产生不同的想法。所以，从生活上来讲，我给大家一些建议：以后不要总吃同样的盒饭，不要总喝同样的饮料，不要每天晚上看同样的频道和电视节目，不要总到同一家电影院看电影，不要总是跟一些固定的朋友交往，不要总是看某一个人的小说，不要总穿同样颜色的衣服，不要在家里总是摆同一种花，不要每天晚上洗澡总是从同一个地方开始，甚至于你要有意识地常用你的左手代替你习惯用的右手……这样，你的大脑就能够被刺激，就容易产生不同的想法，对一些习惯性的工作会提出不同见解，有利于纠正工作中不易觉察的错误。

执行要点

当我们做事情的方式、方法总是一成不变的时候，不要抱怨自己缺乏创意，而要试着改变一下习以为常的做事方法，通过改变，刺激自己产生新的想法。

经常思考，主动改善

许多公司中都存在这样一个普遍现象，即员工完全听领导的指挥做事。这就是一个没有思考性的组织。一个公司的点子、方法，有多少是从上而下的，又有多少是从下而上的？如果70%的意见是从上而下的，这就不是团队，至多是个群体；如果70%的意见是从下而上的，这才是一个团队。

作为公司的员工，我们要经常思考自己会不会发现问题，会不会针对问题寻求对策，会不会对自己的工作定期提出流程改善建议，会不会把客户可能遇到的问题提前解决。只有先想到这些，我们才会认真去改善。

酒店都希望客人能够协助酒店共同维护好环境，大都希望客人住宿的时候不要频繁换毛巾、浴巾、枕套、床单和被单……能不换的尽量不换。下面来看看几种不同的做法。

第一种做法是将一张小卡片摆在床头柜上面，卡片上写着："如果您觉得暂时不需要更换毛巾或浴巾，请您在使用后将毛巾或浴巾放回挂架。"

这里面存在几个问题：

首先，将用过的毛巾或浴巾放到哪个挂架上？因为原来的挂架上摆放的都是干净的毛巾，除此之外又没有别的挂架，那是否将用过的毛巾或浴巾与干净的放在一起呢？

其次，客人能把毛巾折叠得那么小吗？因为一般客人没有那么仔细，从中间抽出一条毛巾再挂回去的时候，可能没办法折得像原来的那么窄，也就无法像以前那样摆放得那么整齐。

最后，如果放回去的毛巾或浴巾与原来折得一模一样，那么怎么能明显地区分出来哪个是脏的、哪个是干净的呢？

第二种做法是将一张小卡片摆在床头柜上面，卡片上写着："如果您觉得暂时不需要更换床单，请在早上的时候把这张卡片摆在枕头上。"

一般情况下，客人住酒店的时候，往往很少会注意床头柜上面有一张卡片，或者虽然看到了但没有仔细阅读的习惯，然后第二天一大早就出去了。客人可能本来是不想更换床单的，可是由于疏忽，没有注意到床头柜上的卡片，但客观的结果就是酒店会误认为客人是要更换床单的，所以这种做法也不太科学。

第三种做法是将一张小卡片摆在床头柜上面，卡片上写着："如果您觉得需要更换床单，请在早上的时候把这张卡片摆在枕头上。"

这种方法与第二种方法刚好相反，摆在床头柜上就是不换，摆在枕头上才换，按照一般客人的习惯，很多床单就不用换了。

第四种做法是说明酒店规定，每两天更换一次床单，客户如果要提前更换，就请拨分机电话号码。

第五种做法是酒店在结账时，对节约行为给予一定的优惠。结账时账单一般都用加法，上面写着房租多少钱、打电话多少钱、房内用餐多少钱、洗衣服多少钱、服务费多少钱……那么是否也可以来个减法呢？比如，如果客人住了三个晚上都没有更换床单、被单、枕头套、浴巾或者毛巾，那么我们就把节省的洗衣费返还给客人。

在上面所讲的几种做法中，你会感觉到一个比一个想得周到。这就是思考的结果。

企业或者团队成员应该在日常生活中养成经常思考的习惯，学会提出自己的想法和建议，学会自己去分析和解决问题，从而推动团队提高效率和增强团队执行力。

执 行 要 点

员工不能完全听领导的指挥做事，要经常发现问题，针对问题寻求对策，对自己的工作定期提出流程改善建议，把客户可能遇到的问题提前解决。

以客户价值为中心，不断改进

无论是一个团队还是一个员工，其最高价值体现，都来自客户的满意度。如果用心去思考客户的需求，用心去解决客户的问题，真正以客户价值为中心，那么这个团队或员工的价值就体现出来了。

前些年，中国移动的业务做得很不错。绝大多数人应该都看过它的广告，广告图片里面有两个字：我能！

在我们面对以下这些事情的时候：

上班时，到了公司才发现自己的手机忘在家里了；

停车场在地下三层，但是到了地下，发现手机没信号；

过年过节时，大家都想打电话，却发现都占线，打不通；

…………

没关系，中国移动可以帮助我们一一解决：

中国移动能够帮用户把手机来电连接到他们办公室
的电话上；

中国移动的信号可以覆盖到地下；

中国移动可以用宽带帮你解决；

…………

中国移动的广告所传达的意思，就是它会用心去解决客户的
问题。正是因为用心，中国移动才能将业务做得如此庞大，才能
拥有全球第一的网络和客户规模，并连续多年被美国《财富》杂
志评为世界 500 强之一。

小宋乘坐的飞机就要起飞了，在关闭舱门以前，小
宋给他的太太打了一个电话。

当时，在电话的那一头，他太太说："老公，我肚
子好痛！"小宋的太太快要分娩了。

这是他的第一个孩子。小宋很紧张，就跟乘务员
说："小姐，我太太要生了。"

乘务员本来可以安慰他，却只是冷漠地对小宋说：
"先生，舱门马上就关闭了，飞机就要起飞，请关闭您
的手机。"

案例中的小宋要飞五个小时。在这五个小时里，他的心里肯定很难受，坐立不安。

乘务员如果能够用心替乘客着想，那么就可以安慰小宋不要着急，有医生在，他太太一定不会有事。乘务员还可以告诉小宋，起飞后，机组人员会跟地勤人员联系，让地勤人员给他的太太打个电话。如果飞机上能装个卫星电话，在特殊情况下供乘客使用，哪怕只是替乘客和地面上的人传个话，就算价格比较贵，但只要能和地面保持联系，解决乘客的燃眉之急，相信乘客是愿意的。

真正的执行力要以客户价值为中心，不断思考客户的需求，不断改进服务方式，让客户满意。

不管什么事情，只要你用心去想解决的方法或改善的途径，就一定可以想得到。

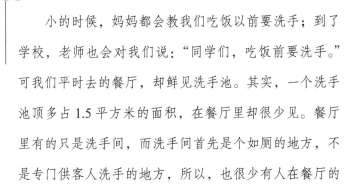

小的时候，妈妈都会教我们吃饭以前要洗手；到了学校，老师也会对我们说："同学们，吃饭前要洗手。"可我们平时去的餐厅，却鲜见洗手池。其实，一个洗手池顶多占 1.5 平方米的面积，在餐厅里却很少见。餐厅里有的只是洗手间，而洗手间首先是个如厕的地方，不是专门供客人洗手的地方，所以，也很少有人在餐厅的洗手间里洗手。

大家到了餐厅，基本上都是往椅子上一坐，不洗手就直接用餐了。如果餐厅在大厅中间有个洗手池，那就完全不一样了，大家都会到洗手池前洗完手再用餐。现在，已经有越来越多的餐厅注意到这一点了，他们会专门设一个洗手池，为食客提供方便。

一个企业要发展，就要不断用新的思想否定旧的思想，这样才能实现质的飞跃，而执行力强的员工会不断思考是否有更好的方法，不断提出流程改善建议，为企业的发展发挥自己的最大价值。

执 行 要 点
用心去思考客户的需求，用心去解决客户的问题，真正以客户价值为中心，不断用新的思想否定旧的思想。